Pommern grient

Heinz-Jürgen Zierke

POMMERN *grient*

Anekdoten, Witze und Schnurren

HINSTORFF

Die Deutsche Bibliothek - CIP-Einheitsaufnahme

Zierke, Heinz-Jürgen:
Pommern grient : Anekdoten, Witze und Schnurren /
Heinz-Jürgen Zierke. - 1. Aufl. -
Rostock : Hinstorff, 1997
ISBN 3-356-00718-1

1. Auflage 1997
Illustration auf dem Schutzumschlag: Dietmar Arnhold
Druck und Bindung: Druckerei zu Altenburg GmbH
Printed in Germany
ISBN 3-356-00718-1

Inhaltsverzeichnis

Vorwort

Pommern grient? Lacht man hier nicht? Doch, man tut es. Man lachte auch im alten Pommern, laut und schallend, besonders wenn „Richtenberger“ oder „Mampe“ oder „Schiet lat em“ die Lachmuskeln gelockert hatten. Meist aber amüsierte man sich stillvergnügt über die komischen Seiten der Unzulänglichkeiten des Lebens, wie sie sich in Anekdoten, Witzen und in manchem Vertellsel offenbaren; man griente eben. Und, um es gleich zu sagen, ich habe mich nicht um Texte bemüht, bei denen man sich brüllend auf die Schenkel schlägt.

Im allgemeinen gelten die Pommern als stille, zurückhaltende Menschen, womit nicht gesagt sein soll, daß es nicht auch laute, extrovertierte Bewohner dieses Landstriches gibt. Doch sind sie wohl in der Minderzahl. Die harmlose Lustigkeit des Rheinländers fehlt uns ebenso wie der herzhaft-poltrige Humor des Bayern. Oder vielmehr, sie fehlen uns gar nicht.

Unser Humor hat immer etwas Nachdenkliches. Unsere Witze enthalten einen Hintersinn. Lachen hat etwas Befreiendes, wie die Psychologen meinen, aber allzu lautes Lachen stört beim Nachdenken.

Das gilt sicher nicht nur für Pommern, sondern vielleicht für ganz Norddeutschland, bestimmt aber für die an Pommern grenzenden Regionen. In Ostmecklenburg, in der Uckermark, früher auch in der Neumark, lebte, dachte, lachte und griente man in ähnlicher Weise. Die historischen Grenzen waren ja nicht nach ethnischen Gegebenheiten festgelegt worden; Fürsten und Herren hatten sie untereinander erstritten. So findet man denn Witze und Geschichten, die in Pommern verbreitet oder lokalisiert sind, oft auch in seiner Nachbarschaft, manchmal variiert, auf andere Handlungsorte bezogen, und meist weiß man nicht, wo der Ursprung lag. Etliche Pointen haben sich wohl noch weiter ausgebreitet, oder sie sind von woanders hierher übertragen worden. Witze wandern.

Manche Anekdoten, mancher Witz, manche der Geschichten, die ich hier zusammengetragen habe, mögen dem Leser bekannt sein. Kein Wunder, ich habe mir das alles ja nicht ausgedacht, nicht erfunden, sondern gefunden, gefunden in alten und neuen Büchern, Zeitungen und Zeitschriften, Heimatheften und Heimatkalendern, in Gesprächen mit Freunden und Fremden, in meinem Gedächtnis und in meinen mit unsystematischen Bemerkungen gefüllten Notizheften. Und wo ich nicht fand, was ich, wonach ich suchte, da entdeckte ich doch Anregungen, sozusagen die Schlüssel zu bisher versperrten Kammern meiner Erinnerung. So konnte ich manches „Vertellsel", das ich in frühen Jugendtagen oder auch später gehört und gelesen habe, hevorkramen und neu erzählen.

Sicher habe ich das Erinnerte nicht wörtlich wiedergegeben. So gut ist mein Gedächnis leider nicht. Aber das ergeht wohl allem Erzählten so, das mündlich weitergegeben wird: Jeder Erzähler gibt ein wenig Eigenes hinzu, sei es seine Sicht oder manchmal auch ein neuer Sinn. Nur so kann Geschehenes zur Geschichte werden und die Zeit überdauern.

Autorennamen finden sich selten. Wo er mir bekannt ist, habe ich ihn genannt. Den Erzählern war gewöhnlich nur das zu Erzählende wichtig, und wenn dieses dann irgendwann aufgeschrieben wurde, war meist vergessen, wer es erdacht und zuerst berichtet hatte.

Wenn die verschiedenen Landschaften des früheren Pommern in dieser Sammlung ungleich repräsentiert sind, so liegt das wohl daran, daß ich in Mittelpommern, im Kreis Greifenhagen, aufgewachsen bin und die meisten Jahre meines Lebens in Vorpommern verbracht habe. So konnte ich mich hier mehr umhören und erfahren, wie die Leute denken, reden und – grienen.

Heinz-Jürgen Zierke

Bertram Wulflam

Zu dem Stralsunder Kaufherrn und Bürgermeister Bertram Wulflam kam einst ein reisender Kaufmann, um mit ihm einen Handel abzuschließen. Der Mann hatte unterwegs einigen Verdruß mit streunenden Rittern gehabt; seine Kleidung war beschmutzt, sein Bart zerzaust. Da er aber über die Zeit war, wollte er nicht warten, bis er sich hergerichtet hatte. Er eilte, wie er war, zu dem großen Haus am Alten Markt.

Doch Herr Bertram, der reichste Mann der Stadt und des ganzen Hansebundes, wies ihn barsch ab: „Ich treibe keine Geschäfte mit Landstreichern."

Der Fremde ging in eine Badestube, ließ Haar und Bart scheren, zog in der Herberge, wo er Unterkunft gefunden hatte, seine besten Kleider an, die er in einer Truhe mit sich führte, und machte sich erneut auf den Weg zu dem Handelsherrn.

Diesmal ließ Herr Bertram den Fremden, den er nicht wiedererkannte, in die Diele treten und wies ihm einen gepolsterten Lehnstuhl an. Bald wurden sie handelseins bis auf den Preis, um den sie lange feilschten, denn Herr Bertram war ein genauer Rechner.

„Ich gebe meine Kleider in Zahlung", schlug der Gast vor, „meinen Mantel, meinen Rock, meine Stiefel."

Das verwunderte Herrn Bertram gar zu sehr. Er zog die Stirn in Falten.

„Bei mir zahlt man mit blanken Silber", wies er den Fremden zurecht. „Ihr verwechselt mich mit einem Trödler."

„Was Ihr nicht sagt! Mein Sonntagsgewand durfte sich in Euren Stuhl setzen. Meinem Alltagskittel habt Ihr die Tür gewiesen, obwohl doch derselbe Mensch darin steckte. Mir scheint, Ihr handelt nur mit Kleidern." Sprach's und ging.

St. Christophorus

Zur Zeit der Hanse, als die Menschen noch an die Hilfe der Heiligen glaubten, geriet eine Kogge in einen Sturm und drohte zu sinken. Die von den über das Deck stürzenden Wellen durchnäßten Kaufleute klammerten sich an den Mast und suchten mit Gebeten die Elemente zu besänftigen. Ein Tuchhändler aus Demmin, der zum ersten Male eine Seereise wagte, flehte lauthals den Heiligen Christophorus an, der auf seinen breiten Schultern das Christuskind durch die reißenden Fluten getragen hatte.

„Min leiw Christopher, help mi ut disse Not! Ick wull di ok 'n Licht geiten laten, so hoch as de lang Nickel to Gripswold."

„Prahlhans!" spottete ein Greifswalder, der wie der Demminer den Mast umarmte. „Eine Kerze so hoch wie der Turm von St. Nikolai? Du magst ein wohlhabender Mann sein, aber soviel Wachs findest du in ganz Demmin nicht, samt Jarmen und Loitz."

„Lat mi man ierst up festen Boden stahn, denn will ick woll mit em handeln. Den Pris för min Kram, den mak ick ümmer sülben."

Der grausame Grundherr

Da, wo Polen und Pommern aneinanderstießen und die Bauern in den Dörfern oft nicht wußten, welchem Landesherrn sie gerade gehörten, hatte einer der Fürsten Sapieha, dem bekannten litauisch-galizischem Geschlecht entstammend, größere Besitzungen. Er galt für einen grausamen Grundherrn, auch wenn er seine Untertanen vielleicht nicht ärger behandelte, als das auch andere Edelleute in jener Zeit taten.

Da er oft mit polnischen Staatsangelegenheiten beschäftigt war, konnte er seine Besitztümer nicht selbst bewirtschaften. Seine Vasallen nutzten die günstigen Gelegenheiten, die eigenen Taschen zu füllen. Wie alle andern tat das auch der Forstaufseher, der auf solche Weise seinem Herrn jahrzehntelang treu diente. Dieser Dienst brachte ihm freilich Feinde und Neider ein, denn er hielt streng darauf, daß sich außer ihm selbst niemand an seines Herrn Wild und Wald vergriff.

Als der Fürst wieder einmal auf seiner Burg an der Drage weilte, um sich von den anstrengenden Staatsgeschäften zu erholen, verklagten des Forstmannes Feinde diesen bei seinem Herrn. Sapieha strengte nicht erst eine Untersuchung an. Wozu auch ? Er wußte nur zu gut, daß sich jedermann, der nur die geringste Möglichkeit dazu entdeckte, mit Freuden bereicherte. Wer es ungeschickt tat, mußte bestraft werden. Also ernannte er auf der Stelle einen neuen Forstaufseher. Den alten ließ er gleich im Wald an einen dicken Ast knüpfen, aber so, daß ihn die Schlinge nicht erdrosselte, denn er wollte sich an den Qualen des ungetreuen Dieners ergötzen.

Er ritt hinaus auf die Lichtung, wo der arme Kerl am Baum hing, das Gesicht über und über mit Bremsen, Mükken, Fliegen und anderem Geziefer bedeckt. Blut lief ihm in dünnen Rinnsalen in den Bart. Ein Funken Mitleid flog den edlen Herrn an. Er brach einen Zweig von der nächsten Birke, um das ekle Gezücht zu verscheuchen.

„Nicht, Herr! Um unseres Herrn Jesus Willen bitte ich Euch, tut es nicht!“ flehte der Gehenkte. „Diese sind satt. Jagt Ihr sie fort, kommen andere. Und die sind hungrig und saugen mir das letzte Blut aus den Adern.“

Der Fürst stutzte, dann sagte er: „Psiakrew! Du hast recht, Alter. Du sollst wieder mein Forstaufseher sein. Du kommst mir billiger als der neue Mann.“

Verzeihung, Herr Jesus

In alten Tagen, als die Kirchen noch jederzeit offenstanden, warf sich ein für seinen trockenen Hals bekannter Pasewalker Schuhmacher in stark angetrunkenem Zustand vor dem Muttergottesbild in der Marienkirche zu Boden, beklagte reuevoll sein Laster und versprach, diesem ab heute endgültig zu entsagen.

Zufällig arbeitete hoch oben über dem Bilde ein Maler an dem beschädigten Plafond. Als sich der Trunkenbold am nächsten Abend wieder vor dem Marienbilde niederwarf und seine Reuearie lallte, legte der Maler, der eben seine Tagesarbeit beendet hatte, die Hände zu einem Schalltrichter zusammen und rief, daß es durch das Gewölbe dröhnte: „Du oller Suffkopp brabbelst alle Tage dasselbe. Hebe dich hinweg aus diesem heiligen Hause, Wortbrüchiger!"

Der Trunkene, dessen trübe Augen den im Halbdunkeln verborgenen Sprecher nicht erkannten, meinte nun, Christus habe zu ihm gesprochen. Er nahm sich zusammen und sagte mit fester Stimme: „Verzeihung, Herr Jesus, aber ich sprach mit Eurer Frau Mutter, nicht mit Euch!"

Der Tod des Narren

Claus Hintze, der Hofnarr des Herzogs Johann Friedrich, galt als der pommersche Eulenspiegel. Er konnte sich manche Keßheit erlauben, mußte sich aber auch die oft recht groben Scherze der Hofgesellschaft, namentlich des Fürsten, geduldig gefallen lassen.

Als der Herzog einmal ernstlich erkrankte und die Ärzte ihn ratlos aufgeben wollten, machte sich Hintze auf den Weg zu Barbieren, Kräuterweibern und andern Heilkundigen, um ein wirksames Mittel zu erfragen. Allerlei Salben, Tinkturen und Zaubersprüche wurden ihm angeboten, aber nichts fand er geeignet, seinen Herrn gesunden zu lassen. Zuletzt gelangte er an einen Schäfer, der aus dem Kot neugeborener Lämmer weissagte, der Herzog könne nur durch einen großen Schreck geheilt werden. Hoffnungsfroh eilte Hintze zurück zum Schloß.

Als der Herr sich ein wenig wohler fühlte, überredete Hintze ihn zu einem Spaziergang im Schloßgarten. Als sie an einen Graben gelangten und sich an dem flinken Spiel der ausgesetzten Fische ergötzten, gab der Narr dem Herzog unversehens einen Stoß, so daß der in das kühle Naß plumste. Schreiend eilten Schloßwache und Diener herbei, halfen dem Gefallenen aus dem kaum knietiefen Wasser aufs Trockene und warfen den Attentäter in den Turm.

Johann Friedrich genas tatsächlich durch diesen Schreck. Schon am nächsten Morgen konnte er zur Jagd ausreiten. Dem braven Narren aber dankte niemand für diese ungewöhnliche Heilmethode. Im Gegenteil, man hängte ihm einen Prozeß an wegen Anschlags auf das Leben des Landesfürsten. Darauf stand die Todesstrafe, wie man sich denken kann.

Johann Friedrich wollte seinen Spaßmacher nicht verlieren, aber zur Strafe auch ihm einen gehörigen Schreck einjagen. Er ließ eine lange Leberwurst stopfen, die er dem Scharfrichter mit dem Befehl aushändigte, sie unter dem Mantel zu verbergen. An dem Tag, an dem das Urteil vollstreckt werden sollte, führte man den Gefangenen auf den Richtplatz, hieß ihn niederknien und das Haupt auf den Block zu legen.

Die Hofleute, die um den bösen Scherz ihres Herrn wußten, konnten sich kaum das Lachen verbeißen.

Der Henker trat hinter den Delinquenten, holte die Wurst unter dem Mantel hervor und versetzte Hintze damit einen leichten Schlag in den Nacken. Da lachten sie alle, Herzog und Henker auch, so laut, daß die Jungschwalben aus ihren Nestern purzelten.

Nur Claus Hintze lachte nicht. Er lachte nie mehr. Der Schreck hatte ihn getötet.

Meine Leute kenne ich

Als Stralsund im Jahre 1628 von den Truppen Wallensteins belagert wurde, hatte die Stadt ein dänisches Hilfscorps aufgenommen, das der Graf Holk befehligte. Die Dänen, in Schottland geworbene Söldner, bereiteten nicht nur den Belagerern viel Schaden, sondern auch den Bürgern manch argen Verdruß. So beklagte sich ein Ackerbürger beim Rat, die Holkschen hätten ihm sein letztes Vieh aus dem Stalle gezerrt, eine tragende Kuh, drei Schafe, den Hahn und sieben Hennen. Ein einziges kümmerliches Junghähnchen hätten sie ihm auf seine flehentlichen Bitten gelassen.

Der Bürgermeister war ein streng rechtlich denkender Mann. Lambert Steinwich bat den Grafen Holk vor den Rat, damit er sich für seine Männer verantworte, und hieß den Bürger, seine Klage zu wiederholen.

Spöttisch lächelnd hörte der Offizier zu, dann wies er die Anschuldigung zurück: „Such deine Diebe woanders, Freund! Meine Leute kenne ich. Die hätten dir auch das letzte Huhn genommen und den Suppentopf dazu."

Herzog Buggslaff

Bogislaw XIV., der letzte Herzog von Pommern, lag im Sterben. Der Hofprediger gab ihm geistlichen Zuspruch. Nach den üblichen Trostworten erinnerte er den Sterbenden daran, daß er im Jenseits alle seine Ahnen wiedersehen werde, auch Bogislaw X., den er so sehr verehre.

Da leuchteten die Augen des Herzogs, der bis dahin teilnahmslos dagelegen hatte, noch einmal auf, und er rief aus: „Buggslaff, Buggslaff, wat warden wi dor supen!"

Entsetzt fuhr der Geistliche zurück und beschwor seinen Herrn, solch sündigen Gedanken zu entsagen, im Himmel werde nicht gezecht.

Mit letzter Kraft hauchte der Herzog: „Min leew Herr, da kennen Sei Buggslaffen nich."

Reinlichkeit

Der Herr von Vidal, ein schwedischer Edelmann, der nach dem Westfälischen Frieden das Land Wildenbruch erworben hatte, beklagte sich beim Pastor über die Unreinlichkeit seiner Bauern.

Der Geistliche entgegnete: „Wie können Sie verlangen, daß die Bauern einen Leib pflegen, der ihnen nicht gehört."

Geschichten vom „tollen Markgrafen"

Friedrich Wilhelm, der Markgraf von Schwedt-Wildenbruch (1700-1771) regierte sein Ländchen nach Laune und Willkür. Seine oft recht groben Streiche brachten ihm den Beinamen „der tolle Markgraf" ein. Mit Vorliebe kujonierte er die Geistlichen. Auch der Pastor von Wildenbruch wurde zur Zielscheibe seiner Boshaftigkeit. So ärgerte sich der Markgraf darüber, daß die Kanzel in der Wildenbrucher Kirche höher als das Herrengestühl war. Da sah ja der Priester auf ihn, seinen weltlichen Herrn, herab. Also befahl er seinen Knechten, ein Stück aus der Kanzelsäule herauszusägen, um die Kanzel tieferzustellen und den Geistlichen zu erniedrigen.

In bester Laune ließ er sich ein Glas Rotwein bringen und stellte sich nach dem ersten Schluck händereibend vor, was für ein Gesicht der Pastor machen würde, wenn er am nächsten Sonntag auf der abgesenkten Kanzel über den Text predigen mußte: Wer sich selbst erhöhet, der soll erniedrigt werden.

Er hatte sein Glas noch nicht geleert, da sah er schon die beiden Knechte über den Hof kommen.

„Wat, sünd ji all farig?"

Die Knechte senkten betreten die Köpfe.

„Dat jeiht ne, gnädijer Herr. De Kanzel, de ward van veer Balken holln, de in de Mur inlaten sind. Da könen wi noch so väl rutsage, de sackt ne af. Wenn wi de runner krieje will', mö'n wi de Mur inrieten, un da ward woll de ganz Kirch infall'. Oll nooch is se ja."

„Schietdreck, messijer!" fluchte der Markgraf. „Nu mutt ick den Kerl an'n enger Stell kniepen."

Nicht nur über den Pastor ärgerte er sich, auch über dessen Frau. Sie entstammte einem Adelsgeschlecht und dünkte sich ihm, in dessen Adern doch fürstliches, ja, königliches Blut floß, wohl gleichgestellt. Wenn sie am Sonntag beim Gottesdienst ihren Platz einnahm, der dem markgräflichen Gestühl gegenüberlag, blickte sie ihn so hochnäsig an, daß er ihr am liebsten das Gesangbuch an den Kopf geworfen hätte.

Er ließ den Predigerstuhl versiegeln. Nun mußte die hochfahrende Dame am nächsten Sonntag unter dem gemeinen Volk sitzen, unter Bauern und Knechten, Garbenbinderinnen und Kuhmägden. Das würde ihr gewiß auf die Galle schlagen, grün und gelb im Gesicht würde sie werden und keine Ohren für ihres Mannes Predigt haben.

Am Sonntag drängte er Sophia Dorothea, seine Gemahlin, sie möge sich beim Ankleiden beeilen; er wolle etwas früher in der Kirche sein, damit er sehe, in welcher Reihenfolge die Bauern kämen. In Wahrheit wollte er vor der Pastorsfrau an seinem Platz sein. Dorothea tat ihm den Gefallen, und so saßen sie denn auch längst, als die Dame eintrat. Gespannt blickte der Markgraf auf ihr Gesicht, um sich an ihrer Verblüffung und ihrer Wut zu weiden.

Gemessenen Schrittes ging die Predigergattin nach vorn zu ihrem Platz, sah das Siegel und stutzte. Der Markgraf begann leise zu lachen. Doch was tat die Kanaille nun? Sie riß ganz einfach das Siegel ab, pflanzte ihren breiten Hintern wie eh und je auf den Sitz und sah den Markgrafen herausfordernd an. Friedrich Wilhelm wollte aufspringen und die Widerspenstige mit eigenen Händen vom Stuhl zerren und in eine der schmalen Leutebänke stauchen.

Dorothea packte ihn am Ellenbogen und zog ihn zurück. „Bleib sitzen!" fauchte sie. Er ließ sich wieder fallen.

Auf seine Gemahlin hörte er, manchmal jedenfalls, war sie doch die Schwester König Friedrichs, seines Souveräns.

„Gehen noch nicht genug Beschwerden deiner Geistlichkeit beim König ein? Du weißt, mein Bruder kann zuweilen recht ungnädig sein."

„Ja, ja", brummte Friedrich Wilhelm. Er sah ein, hier in der Kirche durfte er keinen Skandal machen. König Fritz in seinem Zorn scheute sich nicht, auch adlige Röcke mit seinem Krückstock auszuklopfen. Aber dem Pfaffen und seiner Schnepfe wollte der Markgraf dennoch eins aufbrennen, wenn nicht jetzt, dann bei einer andern Gelegenheit.

*

Die Gelegenheit kam im Winter. Eins der markgräflichen Vergnügungen war das Eisfischen. Deshalb hielt er sich auch in der kalten Jahreszeit für einige Wochen in Wildenbruch auf. Diesmal war Dorothea mitgekommen, nicht aufs Eis, aber ins Schloß.

Friedrich Wilhelm kannte die Schwäche des Wildenbrucher Geistlichen, die dieser mit vielen seiner Standesgenossen jener Zeit teilte: Er nahm gern, wo er nicht zu bezahlen brauchte.

Beim nächsten Fischzug ließ der Markgraf dem Pastor sagen, er möge sich ein reichliches Gericht Fisch holen. Das hörte der Seelenhirte gern. Er eilte frohgemut zum See hinunter, und da er die Fischer weit draußen sah, stakste er über das Eis, das bei jedem Schritt knarrte und knackte, als wollte es zerspringen. Doch die Vorfreude auf eine schmackhafte Mahlzeit verdrängte die Angst.

Der Markgraf winkte. „Hier, den ganzen Sack soll er haben." Heimlich aber hatte Friedrich Wilhelm den Boden des Sackes aufgeschlitzt und ihn so plaziert, daß das Loch genau über einem Eisloch zu liegen kam und weder das eine noch das andere zu sehen war.

Einer der Fischer brachte eine Kiepe und leerte sie in den Sack, Plötze, Schleie, Uklei, Barsche und auch ein paar Hechte. Er holte eine zweite Kiepe. Der Sack schien prall gefüllt.

„Holl an!" rief der Pastor aus. „Nu is't nooch. Mir kann ick nich bruken. Dat verdarwt mi bloß, un dat wir doch schaj drüm."

„Binn to!" befahl der Markgraf, und zum Pastor sagte er: „Nu schmieten Se sich den Sack ma up den Rüggen. Se warn em ja woll dragen könen."

Doch als der Pastor den Sack mit einem Schwung anhob, glitschten die Fische durch das Eisloch zurück ins Wasser. Die leere Leinwand baumelte in seinen Händen wie eine nasse Unterhose auf der Wäscheleine.

Der Markgraf lachte schallend: „Ick hebbt jo immer seggt, Papensack hett kein Bodden."

Der Geistliche hatte Mühe, sein christliches Gewissen nicht mit einer ganzen Salve unchristlicher Flüche zu belasten. Hochroten Kopfes machte er sich auf den Heimweg. Die schneidende Kälte spürte er nicht. Als er den Priesterhof erreichte, wehte ihm Fischgeruch entgegen. Er schlug sich mit der flachen Hand gegen die Stirn. Dieser Markgraf machte ihn noch verrückt; am Ende sah er gebratene Aale über das Scheunendach fliegen.

Um sich zu beruhigen, sprach er ein stilles Gebet, bevor er die Haustür öffnete. Er vergaß sie zu schließen. Seine Frau stand am Herd und briet Fische. Er rieb sich die Augen. Das Bild blieb. Die Markgräfin hatte heimlich eine Schüssel Plötze herübergeschickt.

*

Die Pastoren mußten sich sanfterer Mittel bedienen, wenn sie ihrem markgräflichen Peiniger wenigstens hin und wieder eine Häme antun wollten.

Markgraf Friedrich Wilhelm hatte die Dörfer seines Landes durch Alleen verbinden lassen, die nachher zur Zierde der Gegend wurden, aber die Wege blieben bei schlechten Wetter noch immer schwer befahrbar. Als der Markgraf nach einem nassen Frühjahr aus seiner Schwedter Residenz in sein Sommerschloß Wildenbruch reiste, allein, Sophia Dorothea fühlte sich unpäßlich und wollte noch einige Wochen in der Stadt verweilen, blieb das Kupee, obwohl mit vier Pferden bespannt, kurz vor Marienthal im lehmigen Morast stecken. Der Kutscher drosch auf seine Tiere ein, der Lakai griff mit seinen schwachen Armen in die Speichen, der Markgraf fluchte, nichts half. Der hohe Herr, der seine kostbare Garderobe nicht beschmutzen wollte, blieb sitzen und schickte den Diener ins Dorf zum Schulzen, damit dieser die Bauern zur Hilfeleistung zusammentreibe.

Weit hatte der Lakai nicht zu laufen. Man sah ja die Gehöfte schon, und der Schulze wohnte gleich vornan. Doch die lehmverkrusteten Stiefel wogen schwer an den Füßen, und der schmatzende Modder wollte sie festhalten. Fast eine halbe Stunde brauchte der arme Kerl, und dann traf er den Schulzen nicht einmal an. Es war Sonntag und Kirchgangszeit. Zum Glück waren es, wenn man von Selchow kam, vom Dorfeingang bis zur Kirche nur ein paar Schritte. Durfte er aber so beschmutzt das Gotteshaus betreten? War das nicht Lästerung? Wieder hatte er Glück. Der Schulze, der sich verspätet hatte und erst gekommen war, als die Gemeinde schon das Eingangslied sang, saß auf einem Eckplatz in der letzten Bank.

Der Lakai klopfte ihm auf die Schulter. Der Schulze schüttelte sich, als wollte er ein lästiges Insekt verscheuchen, drehte unwillig den Kopf, erkannte die markgräfliche Montur und vernahm den obrigkeitlichen Befehl. Alles Blut wich ihm aus dem Kopf. Mit letzter Luft hauchte er: „Geht jetzt nicht. Nach dem Gottesdienst."

„Befehl ist Befehl! Willst du deinen Herrn auf der Landstraße verhungern und erfrieren lassen? Seine Gnaden werfen dich zu Wildenbruch in den Turm."

Der Schulze duckte sich, und mit einem Stoßgebet, Jesus Christus möge ihm sein unfrommes Tun verzeihen, schlich er sich an der Wand entlang zur Kanzel.

Strafend sah der Geistliche ihn an, erkannte aber an seinem ängstlichen Gesicht, daß etwas Ernstliches geschehen sein mußte. Er unterbrach die Predigt und beugte sich zum Schulzen nieder.

Ja, ja, er sah die Dringlichkeit ein, und da er ohnehin den Faden verloren hatte, ließ er die Predigt Predigt sein. Er räusperte sich, schilderte dann umständlich - mochte ruhig Zeit verstreichen - das Unglück des Markgrafen und ermahnte die Gemeinde, die verlangte Hilfe zu leisten und den erlauchten Herrn aus dem Dreck zu ziehen. „Denn“ , so schloß er, „es spricht der Herr: Welcher ist unter euch, dem sein Ochs oder Esel in den Brunnen gefallen ist und er ihn nicht herauszieht am Sabbathtage.“

Der Alte Fritz

König Friedrich fuhr mit einem seiner Räte durch das Plönebruch, um die blühenden Landschaften seiner neuen Kolonien in Augenschein zu nehmen. Auf der Straße nach Fürstensee kam ihnen ein Pastor entgegengefahren.

„Dem will ich ein bißchen am Rock zupfen“, kündigte der Rat an, der wußte, daß sein königlicher Herr einem Scherz, selbst einem groben, nicht abgeneigt war.

„Ich warnte Ihn“, meinte der König. „Die pommerschen Pastoren sind es gewöhnt, auf harte Kanten zu beißen.“

Als der Pastor anhielt, um sich vor der Majestät zu verneigen, spottete der vornehme Herr: „Heutzutage fahren sogar die Priester per Kalesche übers Land. Ihr solltet es lieber Eurem Herrn Jesus gleichtun und auf einem Esel reiten.“

„Freilich, Exzellenz“, erwiderte der Geistliche, „soll man in allen Stücken unserm lieben Herrn nacheifern. Doch in diesem Falle hat es seine Schwierigkeit: Die Esel sind in Preußen knapp und teuer geworden, seit die Majestät sie in Ihren Rat holt.“

*

Kremzow im Kreis Pyritz war der Stammsitz der mit Geld und Gütern gesegneten Familie von Wedel. Die Herrschaften waren nicht nur reich, sondern auch reichlich stolz auf ihren Reichtum.

Als Luitpold Christof von Wedel (1742-1803) wieder einmal mit seinem Viererzug durch seine Ländereien kutschierte, um zu taxieren, was die nächste Ernte einbringen würde, traf er unter einer breitkronigen Eiche, unter der er gewöhnlich zu rasten und sich ein wenig die Beine zu vertreten pflegte, auf einen Reisenden, der, obwohl er nur einen Zweispänner lenkte und eine schmucklose Offiziersuniform trug, einen vornehmen Eindruck machte. Er kannte den Herrn nicht, er schien fremd in der Gegend zu sein, und Wedel, der nicht ahnte, daß er seinen König vor sich hatte, fing an, mit seinen Besitztümern zu prahlen.

Amüsiert fragte Friedrich: „Wer ist Er denn?"

Der Ritter plusterte sich auf. „Ich bin der reiche Wedel aus Kremzow. Und wer ist Er?"

Der König erwiderte bescheiden: „Ich bin der arme Fritz aus Potsdam."

*

Zur Zeit der Aufklärung gerieten auch die Glaubenssätze der Kirche in die Diskussion. Selbst Geistliche begannen zu zweifeln, sogar im abgelegenen Hinterpommern. So äußerte einmal der Pastor eines Dorfes, das als Domäne dem Landesherrn unterstand, in einer Predigt vorsichtigen Unglauben an die Auferstehung des Leibes am Jüngsten Tag.

Das empörte die Kirchenvorsteher der Gemeinde, die streng an den traditionellen Glaubensvorstellungen festhielten. Sie schrieben an den König und verlangten die Absetzung des Geistlichen und die Ernennung eines neuen Seelenhirten. Friedrich II. schrieb amüsiert zurück: „Der Pastor bleibt. Wenn er am Jüngsten Tag nicht aufstehen will, kann er ja liegenbleiben."

*

König Friedrich hielt große Stücke auf die Bauern, denn sie schenkten ihm gute Soldaten. Mehr aber noch fühlte er sich dem Adel verbunden, von Geblüts wegen und weil dieser Stand ihm die Offiziere stellte.

Da der König als ein gerechter Monarch galt, gelangten häufig Beschwerden über die ungebührliche Härte der Grundherren an seine Kanzlei. Weil nur wenige Bauern schreiben konnten, waren die Briefe meist von den Geistlichen aufgesetzt worden. Diesen aber mißtraute der König und damit auch den Klagen der Bauern. Da ihrer aber immer mehr wurden, beschloß er endlich, sich selbst in aller Heimlichkeit davon zu überzeugen, wie es im Lande auf den Gütern und Domänen aussähe.

Er ließ sich und den Kammerrat R. verkleiden und zog mit ihm nach Hinterpommern, wo sie sich bei einem Herrn von der Osten als Knechte verdingten. Der Ritter hatte seinen König nie gesehen und erkannte ihn nicht.

Die beiden waren die schwere Arbeit nicht gewöhnt, und so fielen sie am Abend todmüde auf das harte Strohlager, das sie miteinander teilen mußten.

„Ich liege vorn“, bestimmte der König. „Ich brauche Luft zum Atmen.“

Sie schliefen so fest, daß sie in der Frühe die Glocke nicht hörten, die zur Arbeit rief. Der Gutsherr, der seine Ländereien selbst bewirtschaftete, vermißte sie, nahm seinen Stock und ging, die Säumigen anzutreiben. Als er sie im tiefsten Schlafe fand, holte er voller Zorn aus und versetzte dem, der vorne lag, dem König, eine Handvoll derber Schläge. Schreiend sprang der Getroffene auf, und halb angezogen liefen die beiden Langschläfer eilig aufs Feld.

An diesem Abend waren sie erst recht müde.

„Heute wirst du vorne liegen“, befahl Friedrich. „Wir verschlafen sicher wieder, und es ist ungerecht, wenn immer nur der König die Prügel bezieht.“

Tatsächlich überhörten sie wieder die Glocke, und wieder weckte der Ritter die Schläfer selbst. Er hatte schon ausgeholt, da zögerte er.

„Warte“, sagte er zu sich selbst. „Gestern hat der Vordere seinen Lohn bekommen. Heute will ich den auszahlen, der hinten liegt.“

Das tat er dann auch ausgiebig und nach Kräften. So überzeugte sich der Alte Fritz am eigenen Leibe von der Lage der pommerschen Bauern.

Goethe und die Artillerie

An der Tafel des Herzogs von Weimar verbreitete sich Goethe einmal über das Artilleriewesen. Sein belehrender Ton mißfiel den anwesenden Offizieren, die aber den in fürstlicher Gunst stehenden Dichter nicht zu unterbrechen wagten, bis ein aus Pommern verpflichteter Leutnant in der geraden Art seiner Landsleute dem berühmten Mann Bescheid gab: „Verehrter Herr Legationsrat, ich, wie wir alle, werde mit größtem Vergnügen zuhören, wenn Ihr über Dichtung, Theater und andere Künste zu sprechen beliebt, aber von der Artillerie versteht Ihr, mit Verlaub, soviel wie ... wie das Gerstenkorn vom Bier."

Mit Entsetzen sah die Tischgesellschaft, wie Goethe erbleichte. Doch der Dichter faßte sich schnell, hob das Glas und erwiderte: „Ihr Herrn Pommern seid doch recht freimütige oder gar grobe Männer, wie ich soeben an mir selber nur zu sehr erfahren habe. Ich nehme die Lektion an, Herr Leutnant, und werde mich hüten, in Ihrer Gegenwart über das Artilleriewesen ... oder über das Bier zu sprechen. Ich halte mich lieber an die Poesie und an den Wein. Zum Wohl, meine Herrn!"

Blücher

Nach dem verlorenen Kriege 1806/07 befehligte General Blücher die preußischen Garnisonen in der Provinz Pommern. Einer seiner Regimentskommandeure war Ferdinand von Schill. Dieser liebte es, während der Tafel den anwesenden höheren Offizieren die Unternehmungen seines Freicorps zu demonstrieren, wobei er, oft Suppe, Braten und Fisch vergessend, die Bewegungen von Freund und Feind durch Hin- und Hergehen markierte. Eines Tages schob er sich, um die Position zu verdeutlichen, hinter Blüchers Stuhl. Da nahm der General, der sowohl den wagemutigen Offizier als auch eine ungestörte Mahlzeit schätzte, die Bratengabel, richtete sie auf Schills Brust und trieb ihn zu seinem Sitz zurück.

„Nun setzten Sie sich endlich, Major, und essen Sie! Sonst verhungern Sie mich noch in Ihrer Position."

*

Die militärischen Fähigkeiten des preußischen Königs Friedrich Wilhelm XIII. beschränkten sich auf die Vorliebe für glänzende Paraden und bunte Uniformen. Als die preußischen und russischen Truppen des Generals Blücher am 26. Mai 1813 die französische Division Maison in einem blutigen Gefecht geschlagen hatten, empfing der König den siegreichen Feldherrn mit den galligen Worten: „Haben ein glückliches Gefecht gehabt, aber dagegen großen Verlust bei meinen Garden."

Der grauköpfige General erwiderte: „Ew. Majestät, ich bedaure den Verlust manchen braven Kerls, aber bei solchen Gelegenheiten ist der Kopf eines Gardisten nicht mehr wert als der eines pommerschen Landwehrmannes."

Up dütsch seggen

In der Franzosenzeit litten die Besatzer, die zum Teil aus den freundlicheren südlichen Provinzen Frankreichs stammten, oft unter dem norddeutschen Schmuddelwetter. So geriet ein Kommando, das von Ückermünde nach Anklam unterwegs war, in einen kräftigen pommerschen Landregen. Die befohlene Eile verbot es, in einem der Gutshäuser oder auch nur in einer Fischerhütte Schutz zu suchen. Als der Trupp Mönkebude passierte, trat der Kommandoführer, der, wenn er schon nicht seinen Leuten helfen konnte, sich doch selbst vor der Nässe schützen wollte, in eins der wenigen ansehnlichen Häuser des Dorfes und verlangte von dem Besitzer, der ihm in den Weg trat: „Gäben misch Reckenschirm!“

Der Hausherr verstand nicht. „Wat hest secht?“

Der Offizier drohte mit der Pistole.

„Reckenschirm!“

„Ick verstah di nich.“

Wütend stieß der Franzose den Mann aus dem Weg, durchwühlte Kasten und Truhen und fand endlich, was er suchte. Bevor er das Gehöft verließ, hielt er dem Besitzer den Fund unter die Nase.

„Das – Reckenschirm.“

Der Fischer brummte hinter ihm her: „Kast nich up dütsch seggen, wat du wist: en Paraplü?“

Guter Tausch

Der Turnvater Jahn war zur Zeit der Demagogenverfolgungen zu einer längeren Festungsstrafe verurteilt worden, die er in Kolberg verbringen mußte. Als er die Haft antrat, erklärte er in einem Gespräch dem Bürgermeister der Stadt, es sei von der Regierung sehr undankbar, ihn einzusperren, da er dem Vaterlande in schwerer Zeit doch gute Dienste geleistet habe.

„Sie sprechen mir aus dem Herzen“ , stimmte ihm der Stadtvater zu. „Ich an des Königs Stelle hätte Sie auf so lange hier zum Bürgermeister eingesetzt. Dann wären Sie von allen Ihren Schrullen kuriert.“

„Gewiß wären wir so gut kuriert wie die Städte“, brummte der alte Jahn in seinen Bart, „wenn die Demagogen auf die Amtsessel und die Bürgermeister auf die Festungen kämen.“

Der Riese

Wie man weiß, waren die Menschen früherer Epochen kleiner als wir Heutigen, im Durchschnitt jedenfalls. Der eine oder andere Mann aber ragte um etliche Daumenbreiten über das allgemeine Maß hinaus; anders hätte der Soldatenkönig ja nie seine langen Kerls zusammenkaufen können.

Ein solcher Mann, der seine Nebenleute deutlich überragte und der selbst heute noch für sehr groß angesehen werden würde, war, hundert Jahre nach den Langen Kerls freilich, der Junker Ernst Achaz von Wedel aus Blankensee im Kreis Pyritz. Er maß an die zwei Meter, weshalb man nicht nur in Pommern, sondern im ganzen Königreich Preußen mit gebührender Anerkennung von seiner Größe sprach. In Preußen hat man immer schon, trotz seiner meist recht kleinen Könige, oder gerade deshalb, Länge für Größe gehalten.

Seine Militärzeit absolvierte der junge Adelsherr bei den Zweiten Gardeulanen in Berlin, wo ihn schon nach drei Wochen jeder Schusterjunge kannte und jedes Milchmädchen anhimmelte.

Wie andere Kavalleristen auch, ging Wedel für sein Leben gern in den Zirkus. Als er wieder einmal in zünftiger Gesellschaft unter dem Chapiteau saß, um sich an den Pferdedressuren zu ergötzen, wurde ein Riese angekündigt. Stille im Saal. Der Secondelieutnant von Below stupste Wedel in die Seite und flüsterte ihm zu: „Wetten, er übertrifft dich um die Dicke einer Schinkenscheibe. Ich setze den obersten Knopf meiner Ulanka."

„Weißt du, wie dick man bei uns im Weizacker den Schinken aufs Brot legt?"

Dann trat der „Riese" in die Manege – und ein johlendes Gebrüll erscholl, daß die Zeltstangen wackelten. Die Berliner sind bekanntlich ein lautstarkes Völkchen, das immer nach Gelegenheiten sucht, seine Stimmkraft zu erproben. Das sei gar kein Riese, schrien sie, der lange Wedel sei viel größer, und sie verlangten, die beiden sollten sich nebeneinanderstellen, damit man den Unterschied sehe.

Händeringend begab sich der Zirkusdirektor in die Loge der Offiziere und flehte Wedel an, er möge den Zirkus verlassen, er ruiniere ihm sonst das Geschäft; er wolle ihm auch, versprach er, das Eintrittsgeld verdoppelt erstatten. Wedel stellte sich stur, und erst als der Direktor auch seinen Begleitern das Entree zurückgab und noch einen Taler darauflegte, verließen die Herren unter dem Beifall der Zuschauer das Zelt, um im nächsten Weinlokal den Riesen mit Rotspon hochleben zu lassen.

Dessen Nummer wurde, solange der Zirkus in Berlin gastierte, aus dem Programm gestrichen.

Heil, König, dir!

Als der preußische König Friedrich Wilhelm IV. nach der Thronbesteigung seine Länder bereiste, wurde er in den vorpommerschen Städten, wie dies bei hohem Besuch schon damals üblich war, von einer jubelnden Menge begrüßt.

Da wollten die hinterpommerschen Städte nicht nachstehen. Sie mobilisierten alle ihre Bürger, und in Stargard, der ersten Station der Reise rechts der Oder, bemühte man sogar einen Reimschmied. Als der König mit seinem Gefolge auf dem Stargarder Marktplatz eintraf, trug der stimmgewaltige Kantor der Marienkirche die Verse vor:

„Heil, König, dir, so schallt's aus Vorderpommern,
doch kräftiger noch solls aus dem hintern donnern."

Ein solcher Jubel, wie er danach ausbrach, ward diesem König sein Lebtag nicht mehr zuteil.

*

Zur Einweihung des Leuchtturms auf der Greifswalder Oie im Jahre 1852 kamen auch König Friedrich Wilhelm IV.

und seine Gemahlin auf die abgelegene Insel. Der um Leutseligkeit bemühte Monarch besuchte auch die Häuser einiger Inselbauern. In einer „guten Stube" entdeckte er die aus einem Neuruppiner Bilderbogen ausgeschnittenen, reichlich verschmutzten Porträts von sich und der Königin.

„Mein Gott, Elisabeth, wie siehst du denn da aus!" entsetzte sich der König.

„Tschuldigen Sei man, Herr Majestät" , erklärte der Bauer. „De Fleigen hebben Sei 'n beten beschäten."

Graf Wrangel

Als der auch wegen seines eigenwilligen Gebrauchs der deutschen Sprache berühmt gewordene Graf Wrangel Kommandeur des II. Armeecorps in Stettin war, bestellte er bei dem Maler Ludwig Most einige Porträts seiner Ahnen, um damit die Wände seines Speisesaals zu schmücken.

Der Maler hatte keine Ahnung, wie die Vorfahren des Generals ausgesehen haben mochten. Er fragte also seinen Auftraggeber, ob dieser nicht einige Striche oder Zeichnungen besäße, die ihm zur Vorlage dienen könnten.

„Ach wat!" winkte Wrangel ab. „Malen Se ihr 'n bißken ähnlich mit mich und hängen Se ihr de richtje Kledasche über den Allerwertesten. Persönlich jekannt hat ihr ja doch keener."

*

General Wrangel besuchte im Auftrage seines Königs Konstantinopel, die Hauptstadt des Osmanischen Reiches. Von dem freundlichen Empfang beim Sultan entzückt, bat Wrangel diesen, ihm die Besichtigung des Harems zu gestatten. Der Sultan bedauerte, bei aller Wertschätzung des Gastes erlaubten die strengen Vorschriften des Propheten nicht, daß Männer Frauengemächer beträten.

Wrangel rechtfertigte sich: „Majestät überschätzen mir."

*

Bei einem Bankett bewunderte Wrangel einmal höflich die überaus zarte Haut der Hände seiner Tischdame.

„Das kommt daher", klärte das vornehme Fräulein ihn auf, „daß ich stets nur wildlederne Handschuhe trage."

„Donnerwetter!" staunte der alte General. „Bei mich hat dat nich jeholfen. Ich trage mein janzet Leben lang schon Hosen aus Hirschleder, und mein Hintern is immer noch rauh wie 'n Reibeisen."

Pommern und Mecklenburger

In einigen Gegenden Mecklenburgs war es früher üblich, auf Bullen und Ochsen zu reiten. Als ein Bauer aus einem der nahen mecklenburgischen Ämter in der pommerschen Stadt Demmin einkaufte, wollte ihn der Kaufmann hänseln.

„Hebben Sei all hürt, dat de Grothertog Sei Ehr Amt beseuken wull? Denn süllen Sei ja woll all up'n Ossen bi em vörbiriden."

„Denn kamen Sei man", erwiderte der Bauer. „Bi uns sünd de Ossen bannig knapp."

Der Generalpostmeister

Heinrich von Stephan, der einer Stolper Handwerkerfamilie entstammte, machte sich, als er die preußische Postverwaltung übernahm und reformierte, bei den Posthaltern im Lande unbeliebt, da er unangemeldet Inspektionen vornahm und Unregelmäßigkeiten oder auch nur Lässigkeiten streng ahndete.

Als Stephan bei einer seiner Reisen das Postamt in Rummelsburg betrat, hörte er gerade noch (er verstand sich ja auf Morsezeichen), wie der Postmeister seinem Kollegen in Schlawe telegrafierte: „Stephan unterwegs. Steckt seine Nase in alles."

Stephan nahm dem erschrockenen Beamten den Taster aus der Hand und klopfte weiter: „Zu spät. Hat sie schon drin."

*

Der Generalpostmeister Stephan war ein schlechter Schütze, fühlte sich aber gegenüber seinen neuen Standesgenossen (er war 1885 geadelt worden) verpflichtet, an so mancher Herrenjagd teilzunehmen, vor allem im heimatlichen Hinterpommern.

Bei solcher Gelegenheit fragte er einen der Treiber: „Sagen Sie mal, Ihr Gesicht kommt mir so bekannt vor, habe ich Sie nicht schon mal getroffen?"

„Jau!" bekam er zur Antwort, „vör twei Johrn, met 'n halw Ladung Schrot inne rechte Hinnerback."

*

Er mag ein schlechter Schütze gewesen sein, aber seine Post funktionierte. Es war im Krieg 1870/71, als ein Bauer an seinen Sohn schrieb, der im Felde stand, dessen Adresse er aber nicht kannte: „An minen Soehn Kloen, Kanonensaldot in Frankreich, Hauptmann ritt'n witten Schimmel, dicht hinner de Kaletuters."

Der Brief kam an.

Die Visitation

Noch in der Kaiserzeit oblag die Oberaufsicht über das Schulwesen der Kirche. Der Superintendent war gleichzeitig der oberste Schulinspektor. Das führte oft zu Spannungen. Die Lehrer sahen es nicht gern, wenn ihnen die pädagogisch nicht ausgebildeten Pastoren in den Unterricht hineinredeten. Die Geistlichen hielten die Lehrer für renitent und überheblich oder verdächtigten sie gar des heimlichen Atheismus.

Namentlich der alte Superintendent K. wurde von Misstrauen und Argwohn gegen die Pädagogen geplagt. Wieder einmal war eine Visitation fällig. Von innerem Widerwillen erfüllt, ließ sich der alte Herr nach A. kutschieren. Er kam gerade zur Pause auf dem Schulhof an. Die Schüler gingen vorschriftsmäßig in Zweierkolonnen im Kreis herum. Ihre Schritte hallten auf dem harten Boden, und sie redeten oder riefen einander alberne Worte zu. K. hätte sich am liebsten die Ohren verstopft. Und die Lehrer, die die Aufsicht führten? Sie standen beieinander und steckten die Köpfe zusammen. Was heckten sie da aus? Das ging gewiß gegen ihn, denn sie hatten sich so hingestellt, daß sie ihn nicht grüßen mußten.

So schnell es seine geschwollenen Beine zuließen, überquerte er den Platz. Keuchend stieg er die ausgetretenen Stufen empor. Die Hospitationen in zwei Klassen beruhigten ihn nicht. Der Unterricht schien ihm zu weltlich zu sein, zu wenig auf Christus gerichtet. Er ließ den Naturkundelehrer Sch. rufen, dessen Klasse er freilich nicht visitiert hatte. Das war gar nicht nötig; diesen Sch. hielt der Superintendent ohnehin für einen verkappten Anhänger des gottlosen Darwinisten Ernst Haeckel.

Er fragte den Lehrer: „Sagen Sie mal, warum haben Sie und die anderen Herrn mich nicht gegrüßt, als ich über den Schulhof ging?“ Und bevor Sch. sich noch eine passable Antwort zurechtlegen konnte, fragte er weiter: „Wenn ich Sie so ansehe, ein kräftiger, gesundheitsstrotzender Kerl, Sie haben doch gewiß des Königs Rock getragen?“

„Jawoll, Herr Superintendent.“ Sch. nahm unwillkürlich Haltung ein. „Bei der 1. Eskadron des Husarenregiments Fürst Blücher von Wahlstatt Nr. 5 in Schlawe.“

„Na, denn erinnern Sie sich mal, mein Sohn: Wie war das, wenn Ihr Herr Rittmeister den Kasernenhof betrat. Was tat da die Eskadron?“

Die aufrechte Haltung gab Sch. die Fassung zurück. Er schlug die Hacken zusammen und antwortete in soldatisch strengem Ton: „Wenn der Herr Rittmeister den Kasernenhof betrat, sagte er zuerst: Moin Leute!, und die Eskadron antwortete: Guten Morgen Herr Rittmeister!“

Der Herr Superintendent erbleichte, aber als Christ schluckte er den Zorn herunter. Langsam kehrte die Farbe in sein Gesicht zurück. Die feinen Äderchen auf dem Nasenrücken füllten sich mit prallen Rot, und mit einer müden Handbewegung scheuchte er den aufsässigen Lehrer aus dem Direktorzimmer.

Wer kann wider die Obrigkeit

Wem kann wider die Obrigkeit, säd dat Mäten, dunn harr sei sick von'n Schandar hinner de Strohmiet trecken laten.

*

Der Landrat von Belgard, Hans von Kleist auf Groß Tychow, ein Freund und Verwandter Bismarcks, hatte sich durch seine strenge Amtsführung auch noch im letzten Dorf Autorität, aber nicht immer Liebe erworben. Als im Dorfkrug von Boisin beim Bier einmal die Rede darauf kam, daß der Papst nicht heiraten dürfe, meinte der Kuhknecht Franz L.: „Dat hett em jewiß uns Landrot verbaden.“

*

Wenn Otto von Bismarck sich von den anstrengenden Berliner Staatsgeschäften erholen wollte, fuhr er für ein paar Wochen heim auf seine hinterpommerschen Güter. Oft machte er mutterseelenallein stundenlange Spaziergänge durch die ausgedehnten Waldungen.

Einmal gelangte er auf eine von jungem Wacholder überwucherte Lichtung, an deren Rand eine halbverfallene Hütte stand. Aus dem Ulenloch quoll gelblicher Rauch. Der lange Weg hatte den Kanzler durstig gemacht, und der schmale Riemen des schweren Gewehrs schnitt in die Schultern. Er trat ein, um sich ein Glas Wasser und einen Platz auf der Ofenbank zu erbitten.

Ein steingraues Mütterchen stand in der schwarzen Küche und rührte mit einer langen Kelle in einem Grapen herum, der an einem Haken über der offenen Flamme hing. Die Alte drehte sich nach dem Eintretenden um und fragte: „Sind Se vielleicht de nieje Oberförster?"

„Nein, gute Frau. Ich bin der Herr selber, der Fürst Bismarck."

Die Greisin schöpfte Wasser in einen hölzernen Becher und schüttelte den Kopf. „Van den hebb ick no nüscht hürt, awer den nieje Oberförster, den harr 'k jeern no kennenliert, ihr ick starwe mutt."

*

Die verhältnismäßig dünn besiedelten Gebiete Hinterpommerns eigneten sich bestens für die Kriegsübungen der kaiserlichen Armee. Aus allen Garnisonen der Provinz rückten die Regimenter in das Manövergebiet ein. Einem Musketierbataillon wurde das Städtchen Zachan zugewiesen. Die Männer kamen in Privatquartiere. Als der Musketier Dallmann, erschöpft von dem langen Marsch, seine Unterkunft erreichte, schnallte er als erstes den Tornister ab und stellte ihn noch im Flur gegen die Wand.

Die Hausfrau, die dem müden Krieger das Gepäck in die Kammer tragen wollte, griff nach dem Lederriemen, hob an und ließ die Last wieder los.

„Wat denn, dit schwere Ding ham Se uff'm Marsch jetragen?" Musketier Dallmann grinste: „Nä, up'n Rüggen."

*

Die Kaisermanöver waren mit Glanz zu Ende gegangen. Nachdem Wilhelm II. zur Erinnerung im Wildenbrucher Burenbusch eine „Kaisereiche" gepflanzt hatte, fuhr er mit seiner Begleitung über Schwedt zurück nach Berlin. Die Dörfer, die seine Wagenkolonne berührte, waren, wie bei entsprechenden Anlässen auch heute noch üblich, festlich geschmückt, und die Gemeindevorsteher hatten ihre Schäflein zu fröhlichem Jubel an die Straßenränder beordert.

Vor dem „Höjerhus“ am Dorfrand von S. standen der schwerhörige Jakob und die steinalte Trude. Beide hatten nicht mitbekommen, was da geschah. Da aber alle andern „Hurra“ schrien und winkten, schrien und winkten sie auch. Leutselig winkte der Monarch zurück.

Da stopfte sich Jakob seine Pfeife und fragte Trude: „Wetst du, wem dat was? Hett he di kennt, oder kennt he mi?“

*

In den Anfangsjahren der Weimarer Republik fragte vor einer Reichstagswahl der Landrat von N. einen seiner Gemeindevorsteher: „Sagen Se mal, ham Se in Ihrem Kaff da draußen ooch Kommunisten?“

Der Gemeindevorsteher schüttelte den grauen Kopf. „Nä, nie jehört von die Kommenisten. Wat sind denn dat für welche?“ „Kommunisten sind solche, die große Reden schwingen und immer mehr haben wollen als die andern.“

„Wenn Sie die meinen“, erwiderte der biedere Graukopf, „denn ham wir woll doch welche, aber bloßig zwei: den alten Herrn Baron und den neuen Paster.“

Das zweite Gesicht

Der Kabarettist Udo Vietz stammte aus Stargard. Nach der Schulzeit begann er als Vierzehnjähriger eine Lehre in einem Kolonialwarengeschäft in der Königsstraße. Wenn er nicht übertrieben hat, was Kabarettisten zuweilen tun, mag sich der Beginn seiner merkantilen Laufbahn ungefähr so zugetragen haben:

Kaum hatte der neue Lehrjunge seine Mütze an den Haken gehängt, befahl der Lehrherr auch schon: „Feg den Laden aus!“

Udos Vater hatte den Sohn geheißen, alle Anweisungen schnell und gewissenhaft zu befolgen. Udo beeilte sich also und war bei aller Sorgfalt bald fertig.

„Wat soll ick nu dun, Herr Meyer?"

In Wahrheit hieß Herr Meyer nicht Herr Meyer, obwohl er natürlich Meyer hätte heißen können, denn viele Leute heißen ja Meyer. Wie er wirklich hieß, ist für unsere Geschichte vollkommen gleichgültig. Da wir ihn aber nicht namenlos lassen wollen, werden wir Herrn Meyer Meyer nennen, obwohl er nicht Herr Meyer hieß.

„Wat soll ick nu dun, Herr Meyer?" fragte also der Lehrjunge den Lehrherrn.

„Räum die Rejale uff!"

Udo richtete Flaschen und Gläser,Tüten und Schachteln so gerade aus wie ein Unteroffizier seine Rekruten zum Morgenappell und fragte wieder: „Fertig, Herr Meyer, un wat nu?" Der Kaufmann, der gerade einer alten Frau ein halbes Dutzend Unschlittkerzen verkauft hatte und ihr nun auch noch eine Schachtel Streichhölzer aufschwatzen wollte, befahl unwirsch: „Stell die leere Heringstonne auf den Hof!"

Keuchend wölterte der schmächtige Junge das schwere Faß über die Schwelle, rollte es über den gepflasterten Hof und stellte es neben der Auffahrt hin. Schwer atmend lehnte er sich gegen die Hauswand, wischte sich den Schweiß von der Stirn, und nach einer halben Minute eilte er wieder in den Laden. Die Alte war gegangen. Meyer hatte sich vor seine Bücher gesetzt und bekritzelte die Seiten mit irgendwelchen Zahlen.

„Un wat nu, Herr Meyer?"

Der Kaufmann ließ vor Schreck einen Spritzer Tinte auf das saubere Blatt fallen. Ärgerlich fuhr er seinen Lehrling an: „Mensch, bammel doch deinen Hinnersten aus'm Fenster!"

Udo wunderte sich über diesen Auftrag. Da er sich aber der mahnenden Worte seines Vaters erinnerte, ging er daran, die Weisung unverzüglich zu befolgen.

Er stieg in die Bodenkammer hinauf, die als Lager diente, und setzte sich mit heruntergelassenen Hosen in das offene Fenster, das zur Straße hinausging. Da ihm die Zeit lang wurde, zählte er die gestapelten Kästen und Kisten.

Endlich hörte er den Kaufmann rufen: „Udo, Udo!"

Erlöst knöpfte er die Hosen wieder an und sprang die Treppe hinunter.

„Zum Donnerwetter, wat machst du denn da oben?"

„Ick hab jedan, wat Sie jesacht ham, den Hinnersten aus't Fenster jebammelt."

Das verschlug dem ehrsamen Kaufmann die Sprache. Als er sie wiederfand, immer noch bleich wie Magermilch, rang er die Hände und jammerte: „Mein Jott, mein Jott, wat sagen bloßig die Leut dazu?"

„Jo'n Dach, ham se jesacht, jo'n Dach, Herr Meyer!"

Neue Gesetze

In den ersten Jahren nach dem letzten großen Krieg gab es in fast allen ostdeutschen Städten eine Stalinstraße, auch in Stralsund. Hier war der Frankendamm umbenannt worden. Und so konnte ein Passant einem Auswärtigen die Auskunft geben: „Die Stalinstraße beginnt bei der Staatssicherheit und geht über den Schlachthof zum Friedhof."

*

Das Staatliche Dorfensemble Neetzow, Kreis Anklam, ein professionelles Gesangs- und Tanzensemble, das speziell die norddeutsche Folklore pflegte, empfing nach einer erfolgreichen Tournee durch die Mongolei, China und Nordkorea Gegenbesuch, chinesische Künstler. Die Chinesen hatten seinerzeit die Gäste mit einem Transparent in deutscher Sprache begrüßt, auf dem sie die DDR hochleben ließen. Da durften sich die Neetzower nicht lumpen lassen. Auch sie brauchten ein Transparent in der Sprache ihrer Gäste. Leider wußte niemand ein Wort oder Zeichen chinesisch.

Erinnerungen wurden ausgekramt, Fotos und Tagebücher durchgesehen, und siehe, eins dieser Fotos zeigte das Begrüßungstransparent. Man brauchte nur noch die Zeichen für den Staatsnamen auszutauschen, und schon konnte die Malerei losgehen. Aber wie schrieb man China auf chinesisch? Zum Glück hatte einer der Musiker einen Geldschein als Souvenir aufbewahrt. Den Banknoten sind die Staatsbezeichnungen eingeprägt.

Und dann kamen die Gäste, sahen das Transparent und begannen, ihrer asiatischen Höflichkeit zum Trotz, lauthals zu lachen. Erschrocken sahen die Neetzower sich an.

Der Dolmetscher klärte sie auf: Mit weißer Farbe verkündete das rote Tuch: Es lebe die chinesische Volksbank!

*

Das Amtszimmer des Oberbürgermeisters einer gewissen vorpommerschen Mittelstadt wird renoviert. Doch dauernd schrillt das Telefon. Das wird schließlich dem Tapezierer Mike zuviel. Wütend reißt er den Hörer von der Gabel und schreit in die Sprechmuschel: „Ropen Sei'n annern Dach an. Hüt is de Ober nich dor, hüt ward hier arbeidt."

*

Ein Tourist pilgert durch die Straßen der Altstadt, ich will nicht verraten welcher, und bleibt vor einem Fachwerkhaus stehen, dessen frischer Putz auffällig mit dem gekrümmten Gebälk kontrastiert.

„Wie kommt denn das?" fragt der Fremde seinen einheimischen Begleiter.

„Das ist die Lokalredaktion der Ostsee-Zeitung."

*

Ein für seine bildhafte Ausdrucksweise bekannter Minister erläuterte auf einer Dorfversammlung den förderalen Aufbau der Bundesrepublik: „Man muß sich das wie einen lebendigen Leib vorstellen. Das Herz ist der Bundespräsident, das Hirn der Bundeskanzler, die Länder sind die Glieder, die Kreise das Knochengerüst und die Kommunen das Fleisch auf den Rippen."

Da ruft ihm aus den hinteren Reihen einer entgegen: „Un dat Norslock büst du."

*

„De niegen Gesetze verstah ick nich", seggt de Bur. „Segg ick to min Ossen Bulle, is dat grad so, as wenn die Fleig up de Dezimalwaag schitt; do röhrt sick nix. Segg ick aewer to'n Bullen Ochse, krieg ick 'n Zentner Arger."

Von Herren und Leuten

Ein Herr von Putbus war im Stralsunder „Goldenen Löwen" eingekehrt, wo er sich mit zweien seiner festländischen Standesgenossen verabredet hatte. Die beiden Herren wurden unterwegs aufgehalten, verspäteten sich um einige Minuten, und als sie das Lokal betraten, bemerkten sie erschrocken, wie der auf Pünktlichkeit bedachte Insulaner rot vor Zorn ein Glas Weißwein in sich hineingoß.

Verlegen entschuldigten sie sich, aber der Aufgebrachte fuhr sie barsch an: „Nicht ihr, dieser Stiesel von Kellner hat mich beleidigt. Ganz Stralsund weiß, daß ich von ältestem rügenschen Adel bin, und dieses Hornvieh tituliert mich dauernd: Herr Doktor!"

*

Freifrau von G. ließ einige Räume ihres Schlosses neu tapezieren. Als die Maler Tapeten und Kleister über die Hintertreppe ins Haus trugen, hörten sie, wie die Herrin ihrem Diener zurief: „Johann, holen Sie die Schmuckschatulle und schließen Sie sie im Arbeitszimmer des Herrn Baron in den Tresor!"

Da warnte der Meister seinen Gesellen in gleicher Lautstärke: „Otto, knöp din Hosentasch tau. In dit Hus ward klaut."

*

Die alte Gräfin kam vom Besuch beim Pastor heim und erzählte ihrer auch nicht mehr jungen Zofe: „Marie, ich habe mir meine Grabstelle angesehen und gleich nebenan auch für dich eine ausgesucht, die dir bestimmt gefällt."

„Au fein, dann kann ich der Frau Gräfin gleich nachher bei der Auferstehung behilflich sein."

*

Herr von Maltzan bestellte im Schwarzen Adler in Greifswald einen gefüllten Kalbskopf, derzeit eine Spezialität des Hauses. Der Kellner trug das Gericht auf, und der Herr mäkelte wie gewöhnlich an der Farbe des Fleisches, am Geruch der Sauce, der Anordnung der Beilage. Als der Kellner die Anwürfe freundlich zurückwies, verlangte Maltzan nach dem Wirt.

Das sei leider unmöglich, bedauerte der Kellner, da die Frau Wirtin, die sonst die Speisen zubereite, ernstlich erkrankt zu Bett liege und der Herr Restaurateur selber am Herd stehe, von wo er keinesfalls fortkönne; der Herr sehe ja die vielen eiligen Gäste, die ungeduldig auf ihr Essen warteten.

„Papperlapp! dann nimmst eben du die Kelle in die Hand. Wirst doch wohl fünf Minuten rühren können, damit die Suppe nicht anbrennt."

„Sehr wohl, der Herr." Der Kellner warf das Serviertuch über den Arm und verschwand in der Küche.

Wenig später erschien die massige Gestalt des Wirtes in der Tür; er sah sich suchend um und fragte dann überlaut: „Wo is de Herr, den em sin Kalfskopp nich geföllt?"

*

Im „Goldenen Löwen" in Stralsund, im Volksmund „Gelber Hund" genannt, bestellte ein auswertiger Gast eine Spargelsuppe und einen Kalbskopf. Da er seiner Meinung nach über Gebühr warten mußte, rief er ungeduldig: „Herr Ober, wo bleibt mein Kalbskopf?"

Der Kellner verkniff sich eine Antwort, trabte in die Küche und brachte dem Gast das bestellte Gericht. „Und wo bleibt die Suppe? Eine Vorsuppe heißt deshalb Vorsuppe, weil sie vor dem Hauptgericht gegessen wird."

Der Kellner neigte ergeben den Kopf, drehte sich um und rief laut durch den Saal: „Heiner, bring man de Supp för den Kalfskopp.“

*

Der Herr von Hochheim fuhr nach Bahn, um in den „Drei Kronen“ mit guten Freunden zu Mittag zu speisen. Er kam zu früh und mußte warten. Der Wirt selbst deckte den Tisch. Er bemerkte die Unruhe des Herrn, der immer wieder kurz zum Fenster hinüberschaute und ärgerlich die Stirn krauste. Natürlich wieder die Straßenjungs, die sich die Nasen an der Scheibe plattdrückten. Er plazierte die Suppenkelle und zog die Vorhänge zu. Da schimpfte einer der Jungen: „Hest den groten Läpel sehn? Un wi darwe ne tokieken, wie he dormet frett!“

*

Graf Negendangk kam von der Jagd. Der Jagdgehilfe trug die Beute im Rucksack bis vor die Freitreppe des Schlosses. Die Gräfin, die die Schießkünste ihres Herrn Gemahls kannte, staunte nicht schlecht.

„Du hast etwas geschossen, Gotthold Friedrich?“

„Aber gewiß, meine Liebe, eine Gans.“

„Eine wilde?“

Statt des Grafen antwortete der Gehilfe: „Wild würr bloß de Bur, den sei hürt hett.“

*

Der Herr von Rogzow ließ sich nach einem langen Pirschgang ermattet auf einem Baumstumpf sinken und ruhte aus. Sein Kutscher lehnte an einer Birke und genoß die Sonne. Die ganze Zeit schaute er stur dem Herrn auf die Füße. Der fragte nervös: „Joachim, wat kuckst du so?“

„Sone grote Krüzotter heww ick min Lewdach nich eins seihn.“

Erschrocken zog der Herr die Beine an. Die Schlange entschwand im Wurzelgewirr.

„Und das sagst du mir erst jetzt? Die hätte mich doch beißen können."

„Ick heww mi ok all wunnert, dat sei dat nich dan hett."

*

Herr von Stojentin schoß auf einen Hirsch. Das Tier flüchtete und brach durch das Gehölz. Ärgerlich folgte der glücklose Schütze. Die Fährte führte über einen frisch gepflügten Acker

Stojentin fragte den Bauern, der eben das Schar aus der Furche hob: „Ist hier ein Hirsch vorbeigekommen?"

„As wir de Düwel hinner west."

„Hat er geschweißt?"

„Wenn he so wiejer maracht, ward em woll schweite."

*

Der alte Amtsrichter Westphal, ein ebenso leidenschaftlicher wie glückloser Jäger, ließ sich von Herrn von Putkamer zur Sonntagspirsch einladen. Da den adligen Herrn ein plötzlicher Hexenschuß aufs Lager warf, er aber den langjährigen Freund, den er wegen einiger anhängiger Prozesse mehr als nötig hatte, nicht enttäuschen wollte, gab er ihm seinen Kutscher Doering mit. Dieser führte den alten Herrn auf eine Waldwiese, wo regelmäßig ein überständiger Bock äste.

Sie warteten, von Mücken geplagt, wohl anderthalb Stunden. Es wurde gerade schummrig, als sich das Tier endlich aus dem Unterholz schob. Westphal konnte es nicht erwarten, riß die Büchse hoch, zielte kurz und drückte ab.

Als er die Augen öffnete, sah er den Bock nicht mehr.

„Was meinen Sie, Doering, habe ich ihn getroffen?"

Der Kutscher kratzte sich verlegen im Genick.

„Sei hebben em, Herr Richter, ditmal noch eis mit Bewährung darvonkamen laten."

*

Auf einer Treibjagd bekam ausgerechnet der schlechteste Schütze, ein bekannter Strafverteidiger, das meiste Wild vor die Flinte. Doch der brave Mann, der die Worte so treffend setzen konnte, traf mit dem Schrot nicht.

Wieder lief ein Hase direkt auf ihn zu. Der Anwalt hob das Gewehr, drückte ab, der Schuß krachte, der Hase witschte am Schützen vorbei.

Da rief einer der Treiber, der den Fehlschuß beobachtet hatte, seinem Nebenmann zu: „Man, wat is de Haas klauk! Wendt sick an'n Avkaten und kümmt fri."

*

Assessor Rewoldt, der neue Gutsherr von Pl. ein früherer Corpsstudent, will sich bei einem Aufenthalt in dem Städtchen Damgarten bei Meister Kurnmeter rasieren lassen.

Der Lehrling rückt ihm den Stuhl zurecht, legt ihm den Latz um und seift ihn ein. Als er an den fingerlangen Schmiß kommt, zögert er, legt den Pinsel aus der Hand und zieht das Messer ab. Rewoldt bricht der kalte Schweiß aus. Er ruft nach dem Meister.

Der Meister begutachtet stirnrunzelnd die rötliche Narbe, nimmt dem Jungen das Messer aus der Hand, prüft die Schneide und sagt: „Wat 'n Ungeschick. Das was woll 'n Liehrjung? Nä, bi mi nich. Ick balbier Sei sülben."

*

Die Deckstation des Landgestüts in Labes, Kreis Regenwalde, war mit Erfolg bemüht, den Pferdebestand der Region zu verbessern. Zu diesem Zweck lieh man sich von Zeit zu Zeit aus andern Gestüten berühmte Deckhengste aus, Hengste mit Namen, die ihren Wert noch erhöhen sollten.

In den Jahren, als das Gestüt einen gewissen Ruf besaß, hatte eine nicht eben liebreizend zu nennende, aber mit einer auskömmlichen Mitgift versehene Bankierstochter einen verarmten Landedelmann geheiratet und war ihm auf sein Gut in der Nähe von Labes gefolgt.

Dem verwöhnten Geschöpf fiel der Umzug aus der lebensfrohen Großstadt Köln in die dörfliche Einsamkeit nicht leicht, zumal die junge Frau einer kunstbeflissenen Familie entstammte. Besonders die Musik hatte es ihr angetan; sie vermißte Hausmusik und Liederabende, Opernpremieren und Sinfoniekonzerte, denn musikalisch hatte weder das Dorf noch das nahe Städtchen etwas zu bieten, außer der Feuerwehrkapelle.

Was Wunder, wenn sie in ihr Abendgebet die Bitte einschloß, der Herrgott möge doch wenigstens das Orchester, das sich zu Saisonbeginn nach Kolberg begab, um dort Kurkonzerte zu geben, in Labes Station machen lassen.

Und wirklich schien der Himmel sie zu erhören. Eines Morgens, als ihr die Hausmagd die Lokalzeitung brachte, blieben ihre kurzsichtigen Augen an einem Wort in der Überschrift hängen: „Beethoven“ .

Beglückt ließ sich die Frau in ein Fauteuil sinken, schloß die Lider und schwelgte in Terzen und Triolen von Geigen und Bratschen, Klarinetten und Oboen.

Mit Gewalt riß sie sich aus ihrem Traum, setzte die Brille auf, beugte sich über das Blatt und las zu ihrem Entsetzen: „Landgestüt Labes, Beethoven deckt Leonore“.

Die Zanowschen und andere

Das kleine Städtchen Zanow galt zuzeiten als das pommersche Schilda, der Pfiffigkeit seiner Bewohner wegen. Vielleicht haben die Bürger der Nachbarstadt Köslin, die mit den Zanowern ab und an einen Strauß auszufechten hatten, der kleineren Rivalin den boshaften Beinamen angeheftet.

Da die Gemarkungen beider Städte aneinandergrenzten, geriet man immer wieder in Streit. Da wurden Grenzsteine ausgegraben und umgesetzt und wieder zurückgesetzt und noch weiter verschoben. Jeder Ort hätte am liebsten sein Gebiet bis vor die Mauern des anderen ausgeweitet. Es kam zu Beulen und Schrammen, manchmal gar zu blutenden Wunden, und einmal hätte ein Kösliner, wäre er nicht so flink zu Fuß gewesen, ernsthaften Schaden genommen. Da hatte doch tatsächlich ein Schustergeselle auf einem Dreesch, den die Zanower beanspruchten, nach Regenwürmern gegraben, um in einem der zahlreichen Bäche zu angeln.

Das fiel drei Zanower Ackerbürgern auf, die ihre Haferschläge nach Disteln absuchten. Sie stimmten ihr Kampfgeschrei an, schwangen ihre Distelstecher und stürmten auf den Eindringling los. Der sprang auf, klemmte den Spaten unter den Arm und lief fort. Dabei verlor er den linken Holzschuh. Das war sein Glück. Die Verfolger bückten sich nach der Trophäe und ließen den Flüchtling laufen. Die Siegesbeute wurde drei Wochen lang vor dem Altar der Stadtkirche zur Schau gestellt.

Des endlosen Streites müde, setzten sich endlich die Oberen beider Städte zusammen, berieten bei etlichen Kannen Weines, wie sie zu einer Einigung kämen, und fanden zuletzt, sie wollten es in einem Wettkampf entscheiden und zwar schon am andern Morgen.

Die beiden Bürgermeister sollten sich Punkt Sonnenaufgang in den Sattel werfen und von der Mitte des Marktplatzes ihrer Stadt aus einander entgegenreiten wie zu einem Turnier, nur daß sie statt der eingelegten Lanzen Spaten mit sich führten. Wo sie sich begegneten, sollten sie den Spaten in den Boden stoßen und den Grenzstein eingraben.

Die Zanower eilten nach Hause, um unter sich und insgeheim zu beratschlagen, wie es zu bewerkstelligen sei, daß sie den Wettstreit mit Sicherheit gewönnen und damit den größeren Anteil Landes erlangten. Das Zanower Stadtoberhaupt war etwas schwergewichtig, die Zanower Pferde dagegen kurzbeinig und schmalrückig; damit waren sie im Nachteil gegen die Kösliner, die sich unter mindestens dreimal soviel Pferden das schnellste aussuchen konnten.

Die Köpfe rauchten und trockneten die Kehlen aus. Die Herren mußten trinken, Bier diesmal, denn sie waren sparsame Leute. Man weiß ja, wie das tut, wenn man Bier auf Wein trinkt. So überrascht es nicht, daß bald einem von ihnen der rettende Einfall kam, wem, das weiß man heute nicht mehr, dem Ratsschreiber vielleicht, dem Knochenhaueraltermann oder einem ganz anderen. Ein Stier sei stärker als jedes Pferd, hieß es, ihn würde das Gewicht des Bürgermeisters weniger drücken, so daß ihm mehr Kraft für das Laufen bliebe. Das stärkste Tier stand im Stall des Kuchenbäckers, der es mit Hefeteig mästete. Das wollten sie aufzäumen. Auf diesen guten Gedanken nahmen sie noch einen kräftigen Schluck, worauf sie am Ratstisch einer nach dem andern einschliefen.

Als sie am Morgen erwachten, blinzelte die Sonne schon durch die Zimmer der Stadtmauer. Flugs steckten sie die brennenden Schädel in den Marktbrunnen und eilten erfrischt zum Stall des Bäckers. Aber das störrische Tier weigerte sich, das Lederzeug anzunehmen, und erst mit Hilfe eines Heubündels, das man ihm vors Maul hielt, lockte man es auf den Marktplatz.

Ein halbes Dutzend junger Burschen hievte mit „Hau ruck!" den Bürgermeister auf das Tier. In der Eile kam der Herr rücklings zu sitzen, was den Vorteil hatte, daß er sich am Schwanz des Stiers festhalten konnte.

Kaum saß das Stadtoberhaupt, raste das Biest auch schon los, in die einzig freie Richtung, auf das Tor zu. Hei, wie jubelten da die Zanower: Ein Gewittersturm, er wird den Kösliner Wallgraben erreichen, bevor der Gegner seinem Gaul auch nur die Sporen geben kann, Zanow gewinnt Land, Land!

Doch o Schreck! Kaum hatte der Zanower Stadtvater die Brücke über den Nestbach passiert, da kam schon sein Kösliner Kollege auf einem hochbeinigen Schimmel angetrabt. Er grüßte lachend und stach seinen Spaten in die Erde.

Zwar stürmte der Zanower Stier weiter auf Köslin zu, aber als ihm ein von vier Bierbrauerpferden gezogener Leiterwagen entgegenkam, scheute er, warf seinen angstschwitzenden Reiter ab und trabte zurück in den heimatlichen Kuchenbäckerstall.

Seither verlief die Kösliner Grenze so nahe an Zanow, daß die Bewohner der letzten Häuser des Ortes von ihren Vorgärten aus das Kösliner Territorium mit Steinen bewerfen konnten.

*

Man mag dat woll inseihn, dat de Börgermeister na disse Schlamassel sin Prück von'n Richel nehm un na Hus güng. Nu harr Zanow keen Rejierung. Dorüm bitt sich keen Katt in'n Steert, in so'n Nest jift ok nich väl to rejiern. Äten un Drinken schmeckt ok, wenn de Rathusdör toschloten is.

De Köslinschen harrn ehrn Börgermeister behollen. Dat arjert de Zanowschen. Schient de Sünn nich in uns Rathusfenster so god as in't Köslinsch? Kiekt uns Kirchtorm nich liek so piel in de Wulken as ehrer? Wi möte ok werrer 'n Börgermeister hebben. Bloß wem? Kein ein wull sich in den Amtsstohl setten. Sei harrn Bammel, sei müßten ok up'n Ossen orer ein anner Biest riden.

Don harrn sei mol up'n Gollenbarg 'n groten Boom afhaut. Den wull' se inne Stadt rinneholen. Langholt ward süß lang up'n Wagen lod. – Äwer de Zanowschen weern anner Ort Lüd. Sei lodten den Boom verdwars up. Dormet kemen se ok bet vör dat Stadtdor. Dor güng de Fuhr nich dörch. Se böt'ten sich de Pipen an un berotschlagten, äwer kein ein feel wat in.

Wildeß flög 'n Kreih öwer dat Dor un schreeg: „Lang, lang, lang!" De Lüd kiehrten sich nich doran. Rechterhand vör dat Dor stünn 'n grot Eikboom; sin Kron dröj 'n halw Mandel Kreihennester. Un all de Kreihen in de Nester schreegen: „Lang, lang!"

Dor nemmt die Schoster de Pip ut dat Mul, horkt, horkt und versteiht. He wist up den Boom un rüpt: „Hürt, wat de Kreihen schriegen: „Lang, lang! Wi möten den Boom lang uploden."

„Wat du all hürst!" Discher Saß riwt sich sin rod Näs.

Wil se äwer anners dat Holt nich in de Stadt bröchten, seggt ierst de ein un dann de tweit: „Lat uns dat versöken.“

So dreigten se den Boom üm un kreegen nu Wagen un Stamm wirklich dörch dat Dor.

Da schlöcht Discher Saß den Schoster up de Schuller un röpt: „Jochen, du müßt Börgermeister warn. Du versteihst de Kreiensprak.“

*

Zu jener Zeit, als es noch Brauch war, daß die jungen Handwerksburschen auf Wanderschaft gingen, um Land und Leute und bei fremden Meistern vielleicht neue Arbeitsweisen kennenzulernen, kam einmal ein solcher Geselle in das Ackerbürgerstädtchen Daber. Die Füße schmerzten ihm vom langen Wandern, denn in Pommern lagen die Ortschaften nicht so nahe beieinander wie in dichter besiedelten Ländern. Hunger und Durst quälten ihn. Da gewahrte er eine blecherne Brezel über einer Ladentür. Eine Bäckerei, dachte er erfreut und sah, daß in der Auslage zwei knusprige Semmeln darauf warteten, daß er seine Zähne in sie hineinschlug. Hinter dem Tresen stand die Meisterin. Daß sie es war, erkannte man an ihrer Figur.

Der Geselle betrat den Laden, grüßte ehrerbietig das ehrsame Handwerk und bat höflich um eine kleine Erfrischung.

Nun war aber die Bäckersfrau eine geizige Person, die gar nicht daran dachte, auch nur einen Krümel aus der Hand zu geben, wenn sie nicht ein paar Pfennige dafür bekam.

„Ick heff nüscht mihr“ , fauchte sie den ungebetenen Gast an. „Is all't al verköfft.“

Da wies unser Bursche auf das Ladenfenster. „Un dei dor?“ Der Meisterin schoß die Röte ins Gesicht. Ein Glück, daß es schon schummrig ist, dachte sie und sagte: „Dei sünd man hültern.“

Der Geselle erkannte wohl, daß die Meisterin log, kam aber gegen ihren Geiz nicht an und verabschiedete sich mit den Worten: „Dei un hültern? Ick glöw, dit ganze Nest is hültern."

Seither hieß das Städtchen: hültern Daber.

*

In den vierziger Jahren des vorigen Jahrhunderts heiratete in Bütow ein aufgeweckter Kontorschreiber die Tochter eines jüdischen Kaufmanns, seines Brotherrn, der erst vor kurzem zur evangelischen Konfession konvertiert hatte.

Der Geistliche, dem die Trauung oblag, war ein stenggläubiger Altchrist, der den Nachkommen der Sippe Abrahams die Kreuzigung des Herrn bis heute nicht verziehen hatte. Er absolvierte die Zeremonie widerwillig und mehr schlecht als recht. Als er dem Paar lustlos seinen Segen erteilt hatte, schloß er mit den Worten: „Es ist bei solcher Gelegenheit Brauch, der Braut einen Kuß zu geben. Allein in diesem Falle wollen wir's unterlassen."

Der junge Ehemann, der sich auf Soll und Haben wohl verstand, entgegnete: „Es ist bei dieser Gelegenheit Brauch, dem Herrn Pastor einen Taler zu geben. Allein, in diesem Falle wollen wir's unterlassen."

*

In dem Städtchen Pollnow im Kreis Schlawe hieß ausgerechnet die Straße hinter dem Gefängnis Adolf-Hitler-Straße. Ein Weinreisender, der einen Kunden in jener Straße besuchen wollte, sich aber im Ort nicht auskannte, fragte bei seiner Ankunft auf dem Bahnhof einen Beamten nach dem rechten Weg.

Der Eisenbahner sah ihn mißtrauisch an und gab Auskunft: „Erst 'n janz Stück jradeaus un denn links, scharf links, denn sehn Se Ihrn Knast schon."

*

Willem Vanselow fühlte sich nicht wohl und ging zum Arzt nach Cammin. Der Doktor klopfte ihn vorn und hinten ab, behorchte Brust und Rücken, schaute ihm in den Rachen, knetete seinen Bauch und boxte ihm in die Nieren. Dann fragte er besorgt: „Sagen Sie, Vanselow, haben Sie über Durst zu klagen?“

Da strahlte Willem: „Nä, dor freu ick mi öwer.“

*

Ein wandernder Handwerksbursche kehrte bei einem Wolliner Fischer ein und bat höflich um eine milde Gabe und wenn 's nur ein trockener Brotkanten wäre. Da es gerade Mittagszeit war und der Geselle einen soliden Eindruck machte, winkte ihn der Fischer in die Stube und rückte ihm einen Schemel an den Tisch. Natürlich gab es Fisch, genauer gesagt, Schollen, und Kartoffeln. Der Handwerksbursche kam aus dem Binnenland, hatte solcherlei Fisch nie gesehen, geschweige denn gegessen, und das Grätenpulen bereitete ihm zunehmend Schwierigkeiten. Da er aber mächtigen Hunger hatte, hielt er sich an die Kartoffeln.

Der Fischer sah eine Weile mit gekrauster Stirn zu, dann sprang er auf und schnauzte: „Du Lüchting, frät Fisch, de Tüften sind dür!“

Eine Flasche Richtenberger

Verena, die eben ihre Ausbildung im Hotelfach erfolgreich abgeschlossen hat, kommt, bevor sie ihre neue Stelle in einem vornehmen Kurhotel antritt, auf Besuch zu den Eltern nach Lassan. Natürlich will sie ihren Geschwistern zeigen, was sie gelernt hat, und ein paar süffige Cocktails mixen. Einige Zutaten, von denen sie annimmt, daß sie in dem abgelegenen Städtchen nicht zu haben sind, hat sie mitgebracht: Angustura Bitter, Curacao, Maraschino, Cinzano und Oliven. Eine Zitrone und Puderzucker finden sich im Küchenschnapp. Nur Wodka ist nicht im Hause.

Die Mutter muß ohnehin noch einkaufen. Da kann sie gleich eine Flasche mitbringen.

Die Mutter zweifelt: „Wodka? Den gifft woll nich mihr. De Tiden sünd, denk ick, woll verbi.“

„Bringste eben Richtenberger! Den wird's ja woll geben."

Die Mutter geht in den Laden, der früher ein Konsum gewesen ist. Wem er jetzt gehört, weiß sie nicht so genau. Zwei der fünf Verkäuferinnen sind noch da. Sie läßt sich einpacken, was sie braucht, und fragt zuletzt nach einer Flasche Richtenberger.

„Den zu vierzig oder den zu zweiunddreißig Prozent?" will die Verkäuferin wissen.

Die Mutter überlegt nicht lange. „Tweiundörtig sind naug. Is ja man för die Kinner."

*

Am Anklamer Peenekai legt ein Oderkahn an. Regen hat den Fluß anschwellen lassen. Die Strömung verlangt den Männern an den Trossen alle Kräfte ab. Der Schipper gibt das Kommando: „Bäten trügg, äwer man sachte!"

Die Strömung schiebt und schiebt.

„Trügg, Schockschwerenot, trügg! Äwer man sachte!"

Da platzt einem der Männer an Land der Kragen. „Du kast mi an'n Mors lecken, äwer man sachte!"

*

In Richtenberg, wie in manch andrer Kleinstadt, liegt die Kirche auf einem Hügel. Gleich daneben stand früher die Branntweinbrennerei, und der Ruhm des „Richtenbergers" reichte weiter, als der Kirchturm ins Land schaute, aber natürlich nicht bis in alle Welt.

Da brach eines Tages eine Seuche aus, die Halsbräune, und raffte viel Volk dahin, vorzugsweise Kinder, aber auch der Ortsgeistliche erlag ihr. Das weise Konsistorium berief einen neuen Pastor, der aus einer entlegenen Gegend kam und sich mit den Eigenheiten des Städtchens nicht auskannte.

Seine erste Amtshandlung war, zwei minderjährige Geschwister unter die Erde zu bringen, und er begann seine Leichenpredigt so: „Nun hat der liebe Herrgott schon wieder zwei kleine Richtenberger zu sich genommen."

*

Wenige Kilometer von Richtenberg entfernt liegt das Dorf Steinhagen. Dort erzählt man die Geschichte so ähnlich, nur daß der neue Pastor predigte: „Nun hat der liebe Herrgott schon wieder einen Steinhäger zu sich genommen."

*

Böse Zungen behaupten gar, der alte Goethe hätte, als er starb, nicht „Mehr Licht!" gerufen, sondern „mehr Richt...". Er hätte das Wort nur nicht zu Ende bringen können.

Hugo Kaeker

Der große Krebs vom Enzigsee

Der große Krebs im Enzigsee,
das war ein Untier! Jemine,
ein Kalb war gegen ihn ein Zwerg.
Ganz schlimm erging's Stadt Nörenberg:
mit seinen Scheren schnitt das Tier
Holz, Stein und Stahl im Stadtrevier.

Die Seeburg war als erste dran,
zerschnitzt ward sie mit Maus und Mann;
den Mauerkranz rings um die Stadt
rasierte er dann kahl und glatt;
kein Haus im Städtchen war zu stark,
er schnitt es durch wie weichsten Quark.

Und einst, am schönsten Sommertag
zerpflückt er gar das Kirchendach.
Da war ein Jammer und Geschrei,
den Ratsherrn war nicht wohl dabei;
sie tagten viel und hielten Rat,
doch keiner fand die Rettungstat.

Zuletzt beschloß man voll Vertraun,
ein neues Gotteshaus zu baun;
da machte sich der Krebs den Spaß
und schnitt ein Stück vom Rutenmaß.
Zu klein geriet das Gotteshaus –
das schlug dem Faß den Boden aus.

Ein Drahtnetz wurde ausgesetzt;
wie Garn hat es der Krebs zerfetzt,
bis endlich doch dem Schmied der Fang
im neuen Hartstahlnetz gelang.
Man sperrte ihn ins Pupkenloch;
dort sitzt er angefesselt noch.

Doch wenn er nur den Schwanz erhebt,
erschrickt ganz Nörenberg und bebt,
und jeder schreit: Der Krebs, der Krebs!
Er reißt sich los, und ich erleb's,
er kommt aus seinem Loch heraus
und frißt uns alle, Mann und Maus.

Sundische Latüchten

Zu der Zeit, als in Stralsund die Schweden das Sagen hatten, waren die engen Straßen und Gassen der Stadt nachts gewöhnlich stockdunkel, wenn nicht gerade der Mond schien. Da kam es denn öfter vor, daß die schwedischen Soldaten, wenn sie sich aus den Schankstuben in ihre Quartiere trollten, mit Dreckbatzen beworfen oder gar verprügelt wurden. Selbst die bewaffneten Patrouillen blieben nicht verschont. Die Übeltäter aber konnten in der Finsternis unerkannt entkommen.

Um solcherlei Fährnissen, die die ohnehin nicht allzu hohe Moral seiner Truppe untergruben, zu entgehen, gebot der Generalgouverneur, der Schwedens König in Pommern vertrat, dem Rat der Stadt Stralsund, daß in dunklen Nächten jeder Bürger, der nach Zapfenstreich die Straße betrete, eine Laterne mit sich zu führen habe.

Die Ratsherren waren darob verschnupft. Die Anordnung bedeutete einen Zugriff auf ihre verbrieften Kompetenzen, denn noch immer galt das lübische, nicht das schwedische Recht in der Stadt, und sie waren dessen bestellte Wächter. Also ignorierten sie den Willen ihres Oberherrn und wußten dabei die Bürgerschaft auf ihrer Seite.

Denn die Stralsunder waren vorzeiten ein eigenes Völkchen. Das hatten der Pommernherzog, die Kirchenoberen, die umwohnenden Adelsherren und auch der eigene Rat oft genug zu spüren bekommen, zuletzt der Generalissimus Wallenstein.

Die Widerborstigkeit der Bürger erboste den schwedischen Herrn. Er machte dem Rat dringliche Vorhaltungen (mit militärischer Notwendigkeit ließ sich schon damals alles begründen) und ließ Passanten verhaften, die nachts ohne Laterne angetroffen wurden. Da beugte sich der Rat der Gewalt. Nicht aber taten das die Bürger. Zwar befolgten sie den Befehl, aber sie taten es wörtlich: Wenn sie abends auf die Straßen gingen, trugen sie ihre Laternen bei sich; aber die Leuchten blieben ohne Licht. Kerzen waren nicht befohlen worden.

Der Gouverneur zerschlug seine Reitgerte auf dem Pult des Schreibers, als er von dieser Infamie erfuhr. Sofort erließ er einen neuen Befehl: Die Laternen sollten mit Kerzen bestückt sein.

Wieder befolgten die Bürger die Weisung auf ihre Weise. Sie stellten wohl Kerzen in ihre Laternen, aber sie zündeten sie nicht an. Die Stadt blieb dunkel.

Man kann sich den Zorn des hohen Herrn vorstellen. Am liebsten hätte er das Rathaus angezündet oder wenigstens die Ratsmänner in den Turm geworfen. Das aber lag denn doch nicht in seiner Macht. So ließ er eine neue Order anfertigen, die der Rat öffentlich zu verkünden hatte: Die Kerzen in den Laternen sollten brennen. Bei Zuwiderhandlung drohten strenge Strafen.

Die Stralsunder beeilten sich, auch diesem Befehl nachzukommen. Sie zündeten des Abends die Kerzen in den Laternen an und flanierten durch die Straßen. Und doch blieb die Stadt dunkel. Das Licht der Laternen war sorgsam mit Tüchern abgedeckt worden.

Da gab der Generalgouverneur auf. Er nahm das nächste Schiff und blieb den Winter über in Schweden.

Wenig später sorgte dann der Rat doch für eine Straßenbeleuchtung, nicht auf Befehl, sondern aus eigenem Beschluß. Und das ist schließlich ein Unterschied!

*

Der alte Stralsunder Stadtgendarm – Bart und das schüttere Haupthaar sind schon grau – kommt aufgeregt ins Rathaus und meldet dem Stadtschreiber: „Herr Sekretär, in de Kliebensuppenstraat liggt en dodig Pierd."

„Es heißt nicht Kliebensuppenstraße, sondern Kiebenhieberstraße."

„Jawoll, Herr Sekretär, un wat is mit dat Pierd?"

„Setzen Sie sich erst mal hin und machen Sie einen schriftlichen Bericht!"

„Schriftlich? Jawoll, Herr Sekretär!" Der alte Mann zieht umständlich den Mantel aus und hängt ihn über den Stuhl. Die Mütze legt er auf den Tisch. Dann kramt er Papier aus der Schublade, nimmt den Halter, begutachtet die Feder, leckt sie an und tauchte sie ins Tintenfaß.

Doch bevor er den ersten Federstrich ansetzt, fragt er: „Seggen Sei, Herr Sekretär, schrift man Kliebensuppenstraat mit K wie Krut orrer mit G wie Grütt?"

„Kiebenhieberstraße! Mein Gott, wie oft soll ich Ihnen das noch sagen?"

„Jawoll, Herr Sekretär! Un wie schrift man Klie...Kie...?"

„Mit K, wie Kamel, Sie...Sie..." Der Herr unterbricht sich und wendet sich wieder seinen Papieren zu.

Der Gendarm beginnt zu schreiben, Schweiß auf der Stirn, hält gleich wieder inne und stört den Schreiber erneut.

„Klieben mit ’n lang I orrer mit ’n kort I?“

„Kieben ohne L! mit langem I! Sie werden alt. Ich werde wohl den Herren des Rates empfehlen…“ Was, das spricht der Herr Stadtschreiber nicht aus.

Der Alte malt bedächtig das I und grübelt, ob er es mit einem E oder einem H verlängern soll. Plötzlich legt er die Feder aus der Hand und greift nach Mantel und Mütze.

Erstaunt blickt der Sekretär auf. „Was denn, schon fertig?“

„Dat nich. Ick will man hengahn un dat dodig Pierd leiwer in de Blistraat trecken.“

*

Karl Beggerow stand, die kalt gewordene Pfeife im Mund, auf der Stralsunder Nordmole und angelte. Als eben ein Dorsch am Haken zappelte und Karl mit beiden Händen die Rute halten mußte, warnte ein weniger glücklicher Nachbar hinterhältig: „Korl, lat din Pip nich fall.“

„I, wo warr ick denn“ , antwortete Karl, und schon lag die Pfeife im Wasser.

Aal un Flunnern

In weck dicken Bäuker steiht, dat de Aal ut de Sargassosee, orer wo dat heiten deit, na de Ostsee henschwemm, sich hie dick frett, un wenn he olt ward, will he werrer na Hus. Hüt mag dat stimmen, äwer stammen deit he nich von dor. De iersten Aal, de dat up de Welt geew, de keemen ut ’n Strelasund.

Dat wier so: Vör en lang, lang Tid, as dat Kuurn blots tum Äten wier und nich tum Drinken, kreegten sick en Stralsunner Fischer un en ut Ollfähr midden up den Sund dat Striden üm en bannig grot un dick Flunner, de jedein för sich sülben hebben wull. De Stralsunner fött dat Beist bin Kopp, de Ollfährsche bin Steert, un nu treckten se un treckten und treckten, un de Jungs up ehr Kahns, de treckten mit. Tauletzt müßt de Flunner nagäwen. Se mök sick lang un länger, bet se utsech as 'n Trossenn. Un wi sei so treckten und treckten, dor glitscht den ut Ollfähr de Steert ut de Finger, un he feel pardauz up'n Achtersteven. Den Stralsunner güng dat nich bäter, ok he stukte sick dat Heck un künn nich mihr fasthollen. Dat wier 'n Glück för de Flunner; sei plupste trügg in't Water. Äwer sei künn sick nich werrer tausammentrecken; sei müßt so lang bliewen, as sei was. Un so is sei tom Aal worn, den iersten Aal up de Welt.

De annern Flunnern äwer maken ut Angst, sei müßten sick ok ton Aal trecken laaten, sit disse Tid en schweew Mul.

*

In den frühen Morgenstunden verläßt ein stadtfremder Gast das Stralsunder Nachtlokal Trocadero, tastet sich torkelnd an den Häuserwänden entlang, und als er die Ecke zur Mönchstraße erreicht, fragt er den nächstbesten Passanten: „Sagen Se ma, juter Mann, is dett da die Sonne oder der Mond?"

Der Angesprochene tritt einen Schritt zurück, streicht sich über das Kinn und antwortet: „Dat möten Se ein Stralsunner fragen. Ick bün ut Kedingshagen."

Die Mine

Als zwischen Stralsund und Hiddensee noch Dampfschiffe verkehrten, wanderte eine ältere Dame aufgeregt von Steuerbord nach Backbord und zurück, guckte hier wie da ängstlich über die Reling und wandte sich schließlich an den Schiffsführer: „Sie sind doch der Kapitän des Dampfers, nicht wahr?"

„Jawohl, meine Dame."

„Ist es eigentlich gefährlich auf See?"

„I wo. Bei der Windstille kommt keine Seekrankheit auf."

„Nein, ich meine, wegen der Minen."

„Minen?" der Kapitän lachte. „Liebe Frau, der Krieg ist fünf Jahre vorbei. Die Minen sind längst geräumt."

„Ja, aber wenn zufällig eine nicht gefunden wurde und wir fahren über sie hinweg?"

„Ganz ausgeschlossen. In dem klaren Wasser könnte ich sie rechtzeitig erkennen und das Ruder herumwerfen."

„Wenn Sie meinen. Sie sind ja der Fachmann. Sagen Sie, fahren Sie schon länger auf dieser Strecke?"

„Aber gewiß. Schon drei Jahre."

„Ach, schon drei Jahre? Sagen Sie, wie hieß doch gleich der Kapitän, der früher auf dieser Strecke fuhr. Das war so ein großer Blonder mit einem Spitzbart."

„Der hieß Prohner, meine Dame."

„Ja, richtig. An den erinnere ich mich noch recht gut. Was macht er denn jetzt?"

„Der ist tot, meine Dame."

„Tot? Das ist ja schrecklich. Woran ist er denn gestorben?"

„Er ist in die Luft gegangen."

„Um Himmels Willen! Durch eine Mine?"

„Nein, er konnte die viele Fragerei nicht vertragen."

Das Renn-Tier

Der Wirt des Stettiner Seglerhauses gab für seine exclusiven Gäste einen Familienabend, für den eine besonders opulente Tafel angesagt war. Die Herrschaften nahmen an den langen Tischen Platz, lauschten der leisen Musik und delektierten sich an den dargebotenen Köstlichkeiten: Sardellen und Anchovis, Lachs und Austern, Rehschnitzel am Rost und Aal in Aspik und als besondere Rarität „ein delicieuser Renntierschinken in Erlauischem Stierblut". Dem wurde denn auch lebhaft zugesprochen. Die weißbeschürzten Kellner trugen erlesene Weine auf von Pfalz und Mosel, Burgund und Bordeaux, dazu englische und bayrische Biere.

So wurde nach Herzenslust gegessen und getrunken, gescherzt und getanzt. Die Musiker legten Geige und Cello zur Seite und griffen nach Horn und Trompete. Die Paare drehten sich schneller. Der Tanz machte durstig, der Wein regte den Appetit an, und immer öfter wurde der Renntierschinken verlangt.

Um Mitternacht, auf dem Höhepunkt der Lustigkeit, rollte der Wirt mit eigenen Händen ein neues Winfaß in den Saal. Diese Gelegenheit nutzte der stets auf neue Verdienstquellen bedachte Victualienimporteur F., ihn zu fragen, woher er denn, wenn es kein Geheimnis sei, diese „einzigartige nordische Köstlichkeit" bezogen habe?

Der Wirt, ein Schalk, stieg auf das Faß, gebot Ruhe und verkündete mit fröhlichem Grinsen: „Vom Schlachterscharren am Brückentor."

Entsetztes Schweigen. Selbst die Musiker ließen die Instrumente sinken. Nur der Pauker schlug noch einen letzten Wirbel. Er war selbst Kunde am Brückenscharren. Jeder im Saal wußte, dort hielten die Pferdeschlächter ihre Ware feil.

Während die Herren mühsam um Fassung rangen, verließen die Damen eine nach der andern den Saal, um sich draußen im Biergarten der genossenen Köstlichkeiten zu entledigen.

Bevor das Entsetzen in Zorn umschlagen konnte, bat der Wirt, ernster nun, die Gesellschaft, ihm den kleinen Scherz nicht zu verübeln. Man wisse, das Pferd sei ein sehr reinliches Tier, und es diene ganzen Völkerschaften, in denen ein ähnlich männlich-kriegerisches Herz schlage wie in der deutschen Brust, zur täglichen Nahrung. Er erlaube sich daher, gewissermaßen als Entschädigung für den überstandenen Schrecken, sogleich dieses Faß „ächter ungerscher Spätlese aus Tokaj" anzustechen, und ein jeder möge davon nach Belieben trinken auf seine, des Wirtes, Kosten.

Da eilten die Herren, ihre Gläser zu leeren, um sie neu zu füllen; einige mutige Damen taten es ihnen nach. Der Victualienimporteur stimmte ein schallendes „Vivat!" an, und die Kapelle blies einen Tusch. Der Wirt aber deklamierte:

„Dieweil das Pferd ein Tier ist,welches rennet,
man es mit Flug ein Renntier nennet."

*

Am Stettiner Dunzigkai fragt ein Schiffszimmermann auf einem Dreimaster nach einer Heuer.

Dem Schiffer tut der Mann leid. „Ick wull di woll helpen, min Jung, wenn ick man bloß wat to don harr för'n Timmermannsgasten."

„Ach, Käppen, wenn't man dat is. En Bessenstähl is jo wull an Burd. Dor pussel ick an bet Valparais."

Die Kraftprobe

Klöterkamps aus der Lindenstraße, 3. Stock, Hinterhaus, hatten Besuch bekommen, Besuch aus Speck, nein, nicht aus der Räucherkammer, aus Speck im Kreis Naugard. Onkel Eduard hatte etwas auf einem der Stettiner Ämter zu erledigen, was, das wußte Luthard, Klöterkamps Stammhalter, nicht. Das interessierte ihn auch nicht; er hatte genug Ärger mit Leo, dem Cousin. Das begann schon beim Schlafplatz. Die beiden blieben nämlich drei Tage. Onkel Eduard wollte seinem Sohn natürlich die Hauptstadt zeigen.

Der Onkel übernachtete auf dem Sofa in der Wohnstube. Luthard mußte sein Bett für Leo räumen und zu seinem kleinen Bruder Eginhard unter das viel zu kurze Bettdeck kriechen.

Leo war nicht älter als Luthard, gerade dreizehn, aber zwei Daumenbreiten größer und auch breiter in den Schultern. Er sah aus, als sei er tatsächlich mit Speck ernährt worden, aber nicht mit fettem, sondern mit gut durchwachsenem; er strotzte geradezu vor Kraft. Luthard fühlte sich neben ihm wie ein Hänfling.

Leo sagte denn auch, nachdem er ihn beäugt hatte wie der Kater den Wurstzipfel: „Schmal wie de Häring mang de

Ooge“ und schlug dem Cousin auf die Schulter, daß der fast durch die morschen Dielen gesunken wäre. Nur der Linoleumteppich hielt ihn auf.

Ja, Leo wußte um seine Kraft. Er prahlte damit, wo er nur jemand fand, vor dem er prahlen konnte, vor Luthards jüngeren Geschwistern, den Nachbarskindern und am liebsten vor Luthard selbst. Er beugte den Arm und ließ den Bizeps spielen. Die kleinen Mädchen durften seinen strammen Muskel befühlen, der siebenjährige Eginhard schob sich Kartoffeln unter die Hemdsärmel, und selbst die fünfzehnjährige Elvira von nebenan bekam feuchte Augen.

Das kröppte Luthard. Er fürchtete um sein Ansehen als Häuptling der Treppenbande. Also mußte er beweisen, sich und den andern, daß Muskelpakete allein einen Fliegendreck wert waren. Wer einen Schrank rücken kann, kann noch keinen verkaufen. Die ganze Nacht grübelte er. Erst gegen Morgen schlief er ein, zum Glück an einem Sonntagmorgen.

Nach dem Frühstück zog er Leo in den Hausflur. „Traust du dich, eine fahrende Elektrische aufzuhalten, nur mit Armen und Schultern? Ich ja.“

„Is dat dei Klapperkasten, dei wat ohn Peer barchup feuert? Dei is kräftijer as twei Osse. Dei wiss du upholle?“

„Wetten?“

Da brauchte Leo nicht lange zu überlegen. Lächelnd schlug er ein. Luthard zuckte unter dem Handschlag zusammen. Und sowas will sich gegen den eisernen Wagen stemmen, dachte Leo, Angeber!

Sie schlenderten über den Victoriaplatz am neuen Rathaus vorbei zur Grünen Schanze hinunter, wo gerade so ein gelbes Ungeheuer vom Paradeplatz herangerasselt kam.

„Barchgaf ok no? Mann, de feuert di öwer Buk un Nagel.“

Luthard stieß einen kurzen Pfiff aus, als gäbe er sich damit selbst einen strengen Befehl, atmete tief ein, um mit der Luft Kraft zu tanken und seine Schultern zu verbreitern, und stampfte breitbeinig auf den heranrollenden Koloß zu.

Noch zwei Schritt! Luthard streckte die Arme vor. Der Mann in der Kanzel drohte mit der Faust und zog wie wild an der Bimmel. Luthard wich nicht.

Leo hätte am liebsten die Augen geschlossen. Luthard stemmte die Schulter gegen die Wucht des rollenden Eisens.

Metall kreischte. Leo blieb der Schrei in der Kehle stecken. Das Ungeheuer stand.

„Na, wat sachst nu?“ Luthard zog Leo flink hinter den Manzelbrunnen in Deckung. Der Wagenführer schimpfte hinter ihnen her und schüttelte die Faust.

Vor Aufregung noch kurz bei Atem fluchte Leo: „Schalle läwe, schalle starwe, schalle di de Düwel hole! Du büss mi öwer.“

Luthards Ansehen war gerettet, zumindest in seinen eigenen Augen. Er hat seinem Cousin nie verraten, daß er den Sieg nicht seinen Muskeln, sondern seinem Kopf verdankte: Er hatte zum Ort der Heldentat die Haltestelle der Bahn ausgesucht. Da Onkel Eduard mit Leo gleich nach dem Mittagessen, bei dem die Kinder zu schweigen hatten, abreiste, fand auch der kleine Eginhard, der von der Ecke des Rathauses aus die beiden Großen beobachtet hatte, keine Gelegenheit, seinen Bruder zu verpetzen.

*

Ein Stadtstreicher findet auf der Stettiner Baumbrücke eine Mark. Glücklich lehnt er sich an das Geländer und betrachtet das glänzende Fundstück in seiner Hand. Da entgleitet das Geld seinen aufgeregt zitternden Fingern, prallt auf eine Strebe und fällt ins Wasser.

„Gottverdammicht!“ flucht der Mann enttäuscht. „Versupen wull ick di woll, awer nich up disse Oort.“

Das Echo

Wie viele Großstädter liebten es auch die Stettiner, an den Wochenenden oder an Feiertagen, wenn es das Wetter zuließ, mit ihren Familien „in't Jrüne" zu ziehen. Mit der Elektrischen, mit dem Fahrrad oder auch zu Fuß pilgerte man in die wald- und wasserreichen Randgebiete der Stadt. Wer es sich leisten konnte, fuhr ein paar Kilometer weiter in die „unberührte Natur". Die Omnibusbesitzer, anfänglich betrieben sie Pferdeomnibusse, stellten Reisegesellschaften zusammen und entdeckten immer wieder neue reizvolle Ziele und Ausflugslokale, wo man nach erholsamen Spaziergängen Kaffee und Kuchen oder auch anderes zu sich nahm. Man unterhielt sich, freundete sich an, lachte, stritt sich, spielte Karten und wagte wohl auch ein Tänzchen. Die Kinder tobten herum oder badeten in den flachen Seen.

Die Wirte erkannten bald, daß sich an den städtischen Naturnarren so mancher Groschen verdienen ließ und ersannen immer neue „Attractionen", die neue Gäste anlokken sollten: Erdbeertorte, selbstgebackener Pflaumenkuchen, Erbsen mit Schinkenknochen oder eine Hechtsuppe, die den rechten Bierdurst machte.

Ein findiger Restaurateur, der sein Lokal an einem stillen Waldsee errichtet hatte, abseits der großen Straßen, so daß anfangs nur wenige Gäste zu ihm herauskamen, ließ sich etwas Besonderes einfallen. Ein schöner Wald, meinte er, müsse auch ein schönes Echo haben. Nun war aber der Wald nicht danach gewachsen. Soviel er auch hineinschrie, nie scholl es so heraus. Immer kam nur ein unverständliches Murmeln zustande. Also mußte er der Natur nachhelfen.

In einem nahen Dorfe lebte ein Invalide, der seine kärgliche Rente aufbesserte, indem er sich als Ausrufer, Totengräber und Nachtwächter verdingte und also zu allerhand Tätigkeiten zu gebrauchen war. Unser Wirt versprach ihm einen guten Lohn und bei Gelingen ein Fläschchen

Schnaps am Sonntagabend. Der Mann sagte zu und übte bereitwillig Fragen und Reimwörter. Der Sonntag kam. Ein paar Gäste kamen auch. Der Wirt selbst führte sie zur rechten Stunde an den verabredeten Platz und rief: „Was trinkt man zum Braten vom Schwein?“

„Wein“ hallte es klar und deutlich zurück.

„Wer trinkt keinen Kaffee?“

„Affe!“

Die Gäste staunten über den klaren Klang, machten selbst die Probe und erhielten stets die gereimte Antwort. Das Echo hatte gut geübt. Als der Wirt die Zuhörer wieder ins Lokal zurückgeführt hatte, redeten sie noch lange über das Wunder. Und da Reden bekanntlich durstig macht, klingelte manches Markstück in der Kasse. Das wundersame Echo sprach sich bald herum. Am nächsten Wochenende reichten die Stühle kaum. Der Wirt rieb sich die Hände und ließ in aller Eile aus rohen Brettern Tische und Bänke zusammenschlagen, damit die Naturfreunde, die sich für den nächsten Sonntag angesagt hatten, alle Platz fänden.

Wieder führte der Wirt die Schar selbst hinaus.

„Was zappelt auf dem Tisch?“ rief er.

„Fisch!“ echote es.

Nun war aber ein Schalk unter den Gästen. Der fragte das Echo: „Was ist die Uhr auf Rügen?“

Stille!

Das war nicht eingeübt. Dem Wirt zitterten die Hände. Die Zuhörer fühlten sich betrogen.

Der Rufer wiederholte: „Wat is die Uhr auf Rügen?“

Da endlich die Antwort: „Dat weit ick nich. Ick heff kein Klock bi mi.“

Am liebsten wäre der Wirt in den weichen Waldboden versunken. Die Gäste schimpften; einige drohten ihm mit der Faust. Da schlug sich der Rufer auf die Schenkel und rief lachend aus: „Das ist ein Spaß. Darauf muß ich einen trinken!“

Das tat er denn auch, und die anderen taten es ihm nach, teils aus Ärger, teils, weil sie zuletzt doch Spaß an der

Sache fanden und die Pfiffigkeit des Wirtes bewunderten.

Wenn der fürchtete, fortan würden die Gäste ausbleiben, so hatte er sich geirrt. Im Gegenteil, jeden Sonntag reisten zwei, drei Gesellschaften an, nur um dem närrischen Echo verfängliche Fragen zu stellen.

*

Die Stettiner Fischfrauen, die ihre Stände am Bollwerk aufgeschlagen hatten, waren wegen ihres losen Mundwerks bekannt und berüchtigt. Eine dieser Frauen, die letzte in der Reihe, pries ihre Ware an: „Bars, Dorsch, Stint, so frisch as'n unschullig Kind." Eine vornehm gekleidete Dame, die schon Stand für Stand abgesucht, aber nichts gekauft hatte, fragte: „Haben Sie heute keine Flundern?"

„Nä, Flunnern hüt nich. Sei harrn gistern kamen sült."

„Ach du lieber Gott, was soll ich denn nun machen? Mein lieber Gatte, der Herr Oberpostsekretär, hat sich für heute Flundern bestellt, und nun sind auf dem ganzen Markt keine zu haben."

„Tja, liebe Frau Dame, denn nehm Sei man 'n paar Bars", riet die Fischfrau, „un striken Sei mit 'n heit Plettisen dröwerhen, denn hett Sei Ehr Mann sin Flunnern, un Sei sporen dat Braden."

*

Im Vestibül des Stettiner Hotels Metropol steht ein distinguierter Herr, dessen dunkelblaue Uniform von Tressen, Sternen und Schnüren nur so blitzt. Aus der Bar schießt ein leicht schwankender Mann auf ihn zu und verlangt: „Pottjeh, holen Sie mich sofort ein Taxi!"

Der Uniformierte herrscht den Angetrunkenen an: „Haben Sie keine Augen im Kopf, Mann? Ich bin Marineoffizier."

Der andre stutzt, dann sagt er freundlich lächelnd: „Na jut, denn nehm ick ebend ne Barkasse. Ick will ja sowieso nach Altdamm."

Spottverse auf pommersche Städte

In Stralsund stand ein hoher Turm,
der trotzte jedem Wetter und Sturm
stand fest über alle Maßen.
Den hat ein Kuhhirt mit seinem Horn
auf einmal umgeblasen.

In Greifswald stand ein hohes Haus,
daran flog eine Fledermaus,
da barst es in tausend Stücken.
Da kamen elftausend Schock Schneiderlein
und wollten es wieder flicken.

Stralsund hat Mühe und viel zu sagen,
Rügen dagegen billig zu klagen.
Zu Stettin hält man sich wunderlich raus.
In Greifswald lebt man in Saus und Braus.

Anklam sucht allerhand Auswege,
Demmin bleibt schläfrig und träge.
Grimm' ist nicht sonderlich nütze.
Tribsees ist eine rechte Haderpfütze.
Barth hat das allerbeste Bier
und geht doch zugrunde schier.

In Grimmen will's nicht stimmen.
In Loitz, da geht's.
In Jarmen ist's zum Gotterbarmen.
In Gützkow ist es ebenso.

In Plath holt man sich Rat.
In Schivelbein hebben s' den Düwel seihn.
In Penkun hängt de Hunger öwern Tun.
In Gripswold weiht de Wind so kolt.

Zwei Männer kamen aus Kamerun,
von denen war der eine dun.
Der andre war noch duner,
und das war ein Penkuner.

Stolp is ne Stadt,
Lauenburg noch wat,
Bütow is en Fleck,
Leba is en Dreck.

Wer sinen Buckel will behollen hel,
de höd sick vör Labs un Stramehl.
Wer sinen Buckel will hebben vull,
de gah na Regenwull.

De Wien von Cammin,
is för de Swien.
Massow, dat was so,
dat is so, dat blifft so.

Die Anklamer nannte man Schwienetrecker, die Greifenhagener Sandhasen, die Bahner Bahnsche Kälber, die Gollnower Pomuchelsköppe, die Kamminer Flunderköppe, die Wolliner Stintköppe.

Dor glöw ick nich an

Der Pastor in M. hatte etwas mit seinem Kirchenratsvorsitzenden zu bereden. Er traf den Bauern vor seinem Gehöft, wo er gerade ein Hufeisen ans Tor nagelte.

„Aber Kreyenbrink, Sie sind doch ein aufgeklärter Mensch. Hängen Sie wirklich diesem alten Aberglauben an, daß ein Hufeisen Glück bringt?"

„Nä, dor glöw ick nich an."

„Und warum nageln Sie dann dieses rostige Stück Eisen ans Tor?"

„Ach, Herr Pastor, ick heff hürt, dat sall ok helpen, wenn 'n nich dran glöwt.“

*

Der verstorbene Pastor war ein nachsichtiger alter Herr gewesen, dem die Bedürfnisse des Leibes und der Seele für gleichermaßen gottgewollt und gottgefällig gegolten hatten. Sein Nachfolger, ein strenger junger Mann, wollte die in der Gemeinde herrschenden lockeren Sitten eindämmen. Er rief den Kirchenrat zusammen und rügte, daß die jungen Leute keine Achtung vor dem heiligen Sakrament der Ehe hätten. „Denn“ ,dozierte er, „wie ich aus dem mit Sorgfalt geführten Kirchenbuch ersehe, sind eine Anzahl von Bräuten – ich will mir die Namen ersparen, Sie kennen sie sicher alle, – sie sind also als Jungfrauen vor den Altar getreten, aber schon nach fünf oder sechs Monaten sind die Kindlein da, wie sich aus dem Taufregister ergibt. Das, meine lieben Brüder in Christo, ist doch wohl reichlich früh.“

Die grauhaarigen Männer grienten, und der Gemeindekirchenratsvorsteher erklärte: „Nä, Herr Paster. Fragen Se Mudder Griep, de Kinner kamen to rechter Tid, man de Hochtid, de kümmt to spät.“

*

In Koccejendorf, nahe Schlawe, es kann auch in Nitzlin gewesen sein oder anderswo, saß eine Tagelöhnersfrau auf der Bank vor ihrer Hütte und nährte ihr Kind, einen Knaben, der an die fünf Jahre zählen mochte. Da kam der Pastor aus Stemnitz vorbei und hielt der Mutter vor: „Der Bursche ist doch wohl zu groß für solcherlei Nahrungsaufnahme. Er kommt ja bald zur Schule. Das ist wider die Natur.“

Da ließ der Junge von der Brust ab und faucht den würdigen Herrn an: „Wat wist du van mi? Is dat din Melk oder min Mudder ehr?“

Pastor Kleschewski hatte seinen Knecht auf den Pferdemarkt nach Bublitz geschickt. Der kam mit einem Tier zurück, das recht passabel aussah, aber auf einem Auge blind war. Ärgerlich machte sich der Pastor selbst auf den Weg in die Stadt und stellte den Pferdehändler zur Rede.

„Ach, Herr Pastor", beruhigte der den Aufgebrachten, „laten S' man! Wat he up den Henwech nich süht, dat süht he up den Rückwech."

*

Der Pastor steht vor der Tür des Pfarrhauses und genießt die Spätsommersonne. Während er noch überlegt, wann er die letzten Birnen pflücken soll, geht ein Kuhjunge vorüber, der in jeder Hand einen leuchtend roten Apfel hält. Halt, denkt der Pastor, ich will doch mal prüfen, wie er es mit der christlichen Nächstenliebe hat.

„Nun, mein Sohn; unser Herr Jesus spricht: Wer zwei Hemden hat, der gebe dem eins ab, der keins hat. Willst du mir nicht einen deiner Äpfel geben?"

„Gewiß doch, Herr Paster", sagt der Junge, blickt erst den einen Apfel an, dann den anderen und reicht entschlossen dem Pastor den Größeren hin.

„Brav, sehr brav, mein Sohn! So ein gutes Herz findet man nicht alle Tage. Und warum hast du mir den größeren Apfel gegeben?"

„Dei is mi in de Kauhschiet folln. Ick heff em äwer mit Gras afwischt."

*

Konfirmandenunterricht in Trinwillershagen. Der Pastor erläutert das siebente Gebot an einem Beispiel: „Wenn in eures Nachbarn Garten an einem freundlichen Sommernachmittag die rotbäckigen Äpfel im Gezweig lachen, und du langst hinauf und brichst dir welche davon ab, was tust du dann, Paul Lüttschwager?"

„Uns Nahwer hett kein Äppel nich in'n Gorden, bloßich twei Plumen un ein Beerboom."

„Schon gut, schon gut! Das tut dem Beispiel keinen Abbruch. Du holst dir also heimlich reife Birnen von einem fremden Baum. Was tust du dann?“

„Na, denn ät ick sei up.“

*

Der Pastor in V., ein schon betagter Herr, war nicht nur ein guter Seelenhirte, er bereitete auch aus allerlei Kräuterauszügen, aus Wegerich, Brennesseln, Kuhblumen, Kattsteert und anderen, auf die er ein Gemisch aus bräunlichem Quellwasser und einem Fingerhut sauren Stachelbeerweins goß, etliche heilkräftige Tränke, mit denen er seine Schäfchen bei den unterschiedlichsten Krankheiten nach bestem Wissen versorgte und ihnen damit manchen Weg in die Stadt ersparte, wo der nächste Doktor praktizierte.

Da verheerte wieder einmal die Halsbräune die ganze Gegend und auch das Dorf V. Viele Kinder erlagen ihr. Dem Kossäten S. waren zwei Jungen gestorben. Das dritte Kind, ein Mädchen, lag noch mit hohem Fieber im Bett. Unser Pastor besuchte die besorgten Eltern und überreichte ihnen ein Fläschchen mit seinem Wundertrank und erläuterte die Anwendung: „Alle zwei Stunden einen Eßlöffel, und nicht nachlassen, sonst stirbt euch die Deern auch noch, und ihr habt keine Kinder mehr.“

„Välen Dank ok, Herr Paster, dat maken wi.“

„Also nicht nachlassen! Alle zwei Stunden, auch nachts!“

„Awer gewiß doch, Herr Pastor. Wi sünd jo no in de bestn Johrn.“

*

Bur Knöbel, de harr 'n Köter hadd, de was so grot as 'n Kalf, ach, wat segg ick, de was binah 'n Stark. Un en Mul mit 'n Tähngebiß harr he, ick glöw, wenn he stats 'n Hund 'n Fisch wier west, he künn en Wels mit en Haps den Kopp afbieten. Man he wier kein Fisch, un bieten deer he ok nich don.

Dor künn en Schnurrer up 'n Hoff kamen, en Pottflicker orrer süß en Ströper, he reckte blots den Hals, hojahnt, schüddelt sick un leeg den Kopp werrer an de Poten. Äwer wenn de Preester de Purt upmeek, ach, wenn he blots vörbigüng, denn sprüng de Köter up, blaffte den Schwartrock an un leet em nich dörch de Dör.

Dat feel Knöbel sin Schwager up, de ut Stettin to Beseuk keem. „Sach mich man, Knöbel, hat die Töle wat jejen die Kirch?"

„Nä, äwer uns Preester hitt Katt."

I, wat 'n Pulkram

Religionsunterricht. Der Lehrer erzählt die biblische Schöpfungsgeschichte. Offenen Mundes hören die Kleinen zu. Nach einer Minute des Schweigens fragt Klein Minna: „Hat der liebe Gott wirklich alles gemacht, allens, und ganz allein?" „Gewiß, mein Kind, die ganze Welt mit allem, was da kreucht und fleucht."

„Ok de Mücken, de Fleigen un de Pißmürn?"

„Auch die Mücken, die Fliegen und all die anderen Insekten."

„I, wat 'n Pulkram."

*

Der Lehrer fragt: „Wer kann mir die Verantwortung erklären?"

Keine Antwort.

„Nicht? Nun gut, dann wollen wir es mit einem Beispiel versuchen. Kann mir vieleicht einer einen Satz mit Verantwortung sagen ?"

Päuling hebt den Finger. „Van min Hos sünd all Knöp afräten. Bloßig ein is noch an. De dröcht nu de Verantwortung."

*

Onkel Karl, der Lehrer ist, kommt aus der Stadt zu Besuch. Die Eltern ermahnen Hanning, richtig hochdeutsch zu sprechen und nicht nach pommersche Weise „mich“ zu sagen, wo es „mir“ heißen muß.

Alles geht gut, bis sich der Onkel zu nahe an Hasso, den Hofhund, heranwagt.

Hanning warnt: „Paß auf, Onkel, er beißt dir.“

Der Onkel runzelt die Stirn. „Mein lieber Neffe, es heißt: Er beißt dich.“

„Nee, Onkel, mir beißt er nich. Mir kennt er ja.“

*

Der Lehrer erwartet seine Freunde, den Arzt und den Apotheker, zur Hausmusik. Es ist noch Zeit, aber schon knarrt die Gartenpforte. Die kleine Jaqueline schaut neugierig durch die Gardinen und ruft dem Vater zu, der gerade die Hosenträger anknöpft: „Du, Vadding, de ierst kümmt all. Ick glöw, dat is Hollmichel.“

„Jaqueline, wie oft habe ich dir schon gesagt, es heißt: der Herr Doktor.“

„Ach, Vadding, Doktors gifft dat väl, äwer Hollmichels gifft dat blots unsen.“

*

Der kleine Julius aus dem Peenestädtchen Loitz fährt mit den Eltern nach Prerow. Im Auto schläft er. Als der Wagen am Zielort hält, klettert er auf den Deich, sieht die See, zum erstenmal im Leben, und staunt: „Kiek eis, Mudding, wat ’n grot Peen!“

Die Kuh

In einem Aufsatz zum Thema „Die Kuh“ beschrieb, wie das Dramburger Kreisblatt berichtete, ein Schüler das Haustier so:

Die Kuh ist ein Säugetier und Haustier. Sie ist überall mit Rindsleder überzogen. Hinten hat sie einen Schwanz mit einem Pinsel dran. Damit jagt sie die Fliegen fort, denn sie könnten in die Milch fallen. Vorne ist der Kopf, wo die Hörner dran wachsen und das Maul drauf Platz hat. Die Hörner braucht die Kuh zum Stoßen und das Maul zum Brüllen. Unten an der Kuh hängt die Milch. Sie ist zum Ziehen eingerichtet. Wenn man dran zieht, so kommt die Milch heraus. Die Milch wird niemals alle. Die Kuh macht immer mehr. Wie sie das macht, haben wir noch nicht gehabt.

*

Otto geht mit dem Vater in den Tierpark. Vor dem Kamelgehege bleibt er stehen und bohrt verwirrt in der Nase.

„Wat kiekst, Jung?“

„Is dat wohrhaftig en Kamel, Papa?“

„Gewiß doch. Her up dat Schild steiht dat ok.“

„Un wenn s' nu de Schiller vertuscht hebben?“

„Wo kümmst du up dei Schnapsidee?“

„Wieldat dat dat Diert so grot is. Uns Mudding secht ümmer: Du büst dat grötst Kamel, wat in Gottes Tierreich rümlöppt.“

*

„Onkel, kannst du mi mal din Metz gäwen? Krichst ok gliks werrer.“

„Woto brukst dat?“

„Min Peerd hett man dre Been. Ick mutt em dat veert schnippern.“

„Hest dat Been afbroken?“

„Nä, ick heff dat so schenkt krägen.“

„Dat Been?“

„Nä, dat Peerd. Van minen Fründ Jochen.“

„Fründ, sechst du? Ne schöne Fründschaft! Schenkt 'n kaputtig Deert. Dat deit keen ontlich Minsch nich, un ierst recht keen Fründ.“

„Doch, Onkel, doch. Jochen is ja de Soehn von uns Köster.“

*

Großmutter schickt Klein Hermann zum Einkaufen. Der Junge kommt zurück, legt die Ware auf den Tisch und das Wechselgeld dazu. Es stimmt bis auf den letzten Pfennig.

Fragt die Großmutter: „Hest ok Dankschön secht?"

„Worüm? Ick heff ja betahlt."

*

Lütt Vera hat zum Geburtstag eine Puppe bekommen und prahlt damit vor ihrer Freundin: „De Pupp hett min Vadding köfft, un de hett 'n Daler kost."

Ungläubig schüttelt die Freundin den Kopf. „En ganzen Daler? So dür? Dorfür kricht man jo … Na, ick weit nich wat. En Daler? Ne, dat glöw ick nich."

„Dat kann ick di glieks wiesen." Vera schlägt das Puppenröckchen hoch. Auf dem Zelluloid steht geschrieben: Drei Mark. Die Freundin besinnt sich einen Augenblick, bückt sich, hebt ihren Rock und fragt: „Kiek eis nah, wat ick kost heff!"

*

Klein Ließer ut Marjedal jeiht no'n Bäcker, de ok „Kolonijalwaren" verköppt.

„Na, min Mäken", fröcht de Bäckersfrau, „Wat wist hüt?"

„Mudder secht, ick sall förn Gröschen grön Seep köpen."

„Sast hemm, sast hemm."

De Fru jeiht inne Hinnerstuw, wo allerhand Tunnen stahn, un kellt Ließern ehrn Pott vull Seep.

Se jeft den Pott to dat Mäken röwer. „Do hest din Seep. Wenn't nu Honnig wier, denn würst woll met 'n Dum rinstäken un em aflecken."

„Dit is jo Seep, un Seep brennt up de Tung." Dat harr se mol probeert.

„Na, denn will ick di man 'n bätker wat Söt jäwe." Se nemmt ut 'n Glaspott 'n Bongs, de utsüht as 'n afräten Barkenblatt un 'n bitzker söt un 'n bitzker sur schmeckt. Ließer secht „Dankeschön"; stäkt den Bongs in't Mul un jeiht na de Dör. „Ließer, wist nich betahlen? Wo hest din Grösche?"

Ließer öwerlecht, leckt met de Tung de Lippen af un antwurd: „ Gröschen? De Grösche licht unnen in'n Pott."

*

Lütt Michel sin Nero harr sich losräten un wier unnern Trecker kamen. Michel roort un roort drei Dag lang, un de Tranen klackerten.

Kümmt Otfried dortau, de Bengel von Nahwer Krukkow, boxt Michel vör de Bost un seggt: „Wat roorst du immer no? Büst doch 'n Jung. Kiek mi an! Vör viertein Dag is min Grotmudding storwen, un ick hew blot 'n halw Stunn lang roort."

„Jo, jo", hult Michel, „man blots, du hest din Grotmudding nich von lütt an uptreckt."

*

Der englische Thronfolger besuchte die vorpommersche Gemeinde K. Das Ereignis lockte ganze Heerscharen von Reportern an. Der Berichterstatter eines auswärtigen Blattes hatte, um Zeit zu sparen, eine Abkürzung benutzt, sich aber im Nebel verfahren und verspätet. Als er endlich in die Nähe von K. kam, traf er auf einen Jungen.

„Hello, Boy! Ist der Prinz noch da? Wo hält er sich denn auf?"

„Bi Kreugers up 'n Hoff. Dat dridde Hus links."

Der Reporter gab wieder Gas, und der Junge rief ihm nach:„Äwer passen S' up, dat hei Sei nich bitt! He liggt anne lang Käd."

*

Als die Hebamme mit ihrer großen schwarzen Tasche kam, brachte der Vater Klein Gisbert ins Nebenhaus zur Großmutter. Am Morgen holte er ihn wieder ab und führte ihn an das Kinderbett, wo sich drei rosige Köpfchen in die Kissen drückten. Klein Gisbert schaute prüfend von einem zum anderen, dann meinte er, der bestens wußte, wie man mit neugeborenen Kätzchen tat: „Du, Pappa, dat in de Midd, dat is de best. Dat will wi behollen. De annern beid kast versöpen.“

*

Vor langer, langer Zeit, als man noch mit der Eisenbahn zu reisen pflegte, nahm die Mutter den kleinen Max mit auf die Fahrt in die Stadt. Auf der Bank gegenüber saß eine junge Frau, die ein Baby im Arm wiegte. Das Kleine war unruhig, begann zu plärren und ließ sich auch von den zärtlichsten Worten nicht beruhigen.

„Es wird Hunger haben“, meinte Mäxchens Mutter.

Die junge Frau sah sich verlegen um. „Um diese Zeit stille ich ihn sonst. Aber hier?“

„Genieren Sie sich bloß nicht! Ich hab ja auch mal gestillt.“ Die Mutter zog die Vorhänge zum Gang hin zu, gab ihrem Mäxchen ein Bilderbuch in die Hand und setzte sich wieder.

Mäxchen aber ließ das Buch sinken und schaute interessiert zu, wie das winzige Wesen voller Lust an der Mutterbrust schmatzte. Nach einem Weilchen stieß er die Mutter in die Seite und flüsterte: „Wat meinst du, Mudding, schafft he den ganzen Klut?“

*

Dies muß noch früher geschehen sein: Eine Tagelöhnersfrau kam mit ihrem heranwachsenden Sohn zum Bahnhof und verlangte am Schalter anderthalb Fahrkarten vierter Klasse nach Schlawe. Der Beamte kniff die Augen zusammen und sagte: „Auch der Junge muß voll bezahlen. Er trägt ja schon lange Hosen.“

„Tja“, meinte die Frau bedächtig, „wenn't bi de Iserbohn na de Hose jeiht, denn bruk ick gor nich to betohle.“

*

Fremde sind zugezogen, eine Familie aus der Stadt mit zwei Jungen. Werner freundet sich bald mit ihnen an. Doch die Freundschaft währt nur drei Tage.

Die Mutter wundert sich: „Nanu, Werner, geihst nich na Krögers?“

„Mit dei späl ick nich mähr.“

„Worüm nich? Hebben s' di haut?“

„Nä, dei sünd mi tau dreckig.“

„Dei un dreckig? Sei seihn doch ümmer so adrett ut.“

„Dat woll, aewer sei möten sich all Dag de Bein waschen.“

Martha Müller-Grählert

De ierst Zigarr

Fritz Feddersen un Heine Knarr
Probierten ehre ierst Zigarr.
Se seeten beide achtern Soot
Un smökten as son Bäckersloot,
Stillswiegend, ohne Il un Hast
As dat för sone Sak sick paßt.

Na, endlich makt nu Fritz mal Schicht
Un seggt: „Ne, weißt du, Minsch, mi dücht,
So'n grot Genuß, as jeder seggt,
Is't grad nich, – hev ik nich recht?“
Un dabi seg he üm de Snut
As dicke Melk un Dünnbier ut.

„Ja, eigentlich“, meint Heine sacht,
„Ick hevt mi uck vel schöner dacht.
Doch helpt dat nix, – wi möten't schaffen!“
Sei swiegen werrer still un paffen.
Un rückten dabi hen un her,
As hadden sei int Liew Beswer.

„Du, Hein, weißt du, wat dat bedüdt?“
Meint Fritz nu. „Vadder seggte hüt
un griente as son Dromedar:
Verget nich bi din ierst Zigarr
De Büxen unnen tautobinnen!
Segg, kannst du da Verstand in finnen?“

„Dumm Snack“, meinte Heine, – doch mitmal
Don haut hei sinen Stummel dal,
Hölt sinen Liew von vörn un hinn’n
Un deit denn üm de Eck verswinn’n.
Un dabi röppt hei: „Du, dat heit,
De Sak het doch ehr Richtigkeit.“

Ick bün de Budiker

Kurz vor Mitternacht fliegt die Tür des „Blauen Ankers“ auf, ein Mann stürzt heraus und landet im Straßenkot. Mühsam rappelt er sich auf und wankt wieder hinein. Nach fünf Minuten landet er erneut im Rinnstein. Mit beiden Händen stemmt er sich hoch und schwankt wieder zur Tür. Kaum hat er sie so weit offen, daß er den Fuß auf die Schwelle setzen kann, trifft ihn ein Kinnhaken, und er liegt wieder lang.

Ein Fremder, der auf ein Taxi wartet und den Vorfall beobachtet hat, hilft ihm auf die Beine, und als der Trunkene wieder zur Tür torkelt, hält er ihn am Arm zurück.

„Mann, in dieser Stadt gibt es ein Dutzend Kneipen. Warum wollen Sie ausgerechnet in diese?“

„Ick mütt, ick mütt, ick bün de Budiker.“

*

In den Gasthoff „to’t Schlott“ sitten ’n poor Burn un spälen Korten, Ollsch un Baste, üm Rietsticken. Se würrn lewer üm Penning spälen orer üm Gröschen, bloß de sünd man knapp. Un so kümmt dat, dat se näbenbi wat räden.

Toierst spekelierten se, wat dit Johr woll de Schwien brengen würrn, un denn jüng dat bloßig no üm Jeld.

„I", seggt Hollmichel un drückt met'n Knöksel den Tuback in de Pip fast, „ick frag mi, wat ick woll maken würr, wenn ick so väl Jeld harr as de Könich van Preußen."

„Un ick", seggt Heimann und spält Krüz As ut, „ick frag mi, wat de Könich von Preußen doon mücht, wenn he so wenich Jeld harr as ick."

*

Ein vornehmer Städter kehrt in einen Kleinstadtkrug ein und fragt blasiert: „Kann man in dieser Budike was Anständiges zu Essen bekommen?"

„Wenn Sei wat Anständigt bestellen, warrn Sei ok wat Anständigt kriegen", antwortet der Wirt gleichmütig.

„Gut, dann bringen Sie mir Ochsenzunge in Burgunder!"

„Ganz recht, Ossentung in Burgunner."

Es dauert seine Zeit. Der Gast wird ungeduldig und trommelt mit den Fingern auf der Tischplatte. Eilig naht der Wirt und stellt ein Glas Rotwein vor ihm hin.

„Was denn, was denn? Ich hatte Ochsenzunge in Burgunder bestellt!"

„Na, denn hängen Sie man Ehr Tung rin in dat Glas!"

*

„Herr Wirt, ich habe Aalsuppe bestellt, aber in dieser Suppe finde ich kein Stückchen Aal. Wollen Sie, daß ich fortan mein Mittagessen bei der Konkurrenz einnehme?"

„Denn gahn Sie man in'n Kösliner Hoff, Herr Dokter, wenn Sei glöwen, dor finnen Sei in ein Bauernfrühstück 'n Stück von'n Burn."

*

In den pommerschen Dorfkrügen war man gewöhnlich nicht auf ein Mittagessen eingerichtet. Man konnte höchstens Bratkartoffeln mit Spiegelei bekommen. Ein Reisender der Feuerversicherungssocietät, der naturgemäß viel unterwegs war und sich auskannte, bestellte also dieses Gericht. Doch die Wirtin bedauerte. Sie habe die Eier gerade diesen Morgen an den Händler verkauft.

Ärgerlich meinte der Gast: „Schaun Sie doch noch mal nach! Vielleicht haben unterdessen ein paar Hennen schon wieder gelegt."

„Woväl wulle Sei denn äte?"

„Wenn Sie drei Stück zusammenfinden..."

„Dree bloßig. Denn ward woll gahn. Min Mann frett söben."

*

Ein Herrengesellschaft ut Stettin mökt 'n Utflug öwer Land un will de Schwedenschanz unnersöken, wiel in'n Generalanzeiger stahn hett, dat de Schanz nich ut de Schwedentid stammt; dat wier bloßig 'n Borgwall von de oll Wenden. Dat Unnersöken mökt Döst, un so kiehrten sei in'n Kraug in.

De Brillen na un na de Vatermörder üm 'n Hals möten dat luter Dokters und Perfessers sin, denkt de Kreuger, un richtig, stats Beer und Köm wull de Öllst von ehr de Wienkort hebben. „Dei hebben wi nich", seggt de Kreuger, „dei hett noch kein Minsch nich verlangt."

„Aber Wein haben Sie doch, ich meine, guten Wein?"

„Äwer gewiß doch."

„Und welche Sorten können Sie anbieten?"

„Allens, wat Sei verlangen."

„Haben Sie Deidesheimer Spätlese?"

„Hebben wi dor."

„Oder einen Niersteiner?"

„So gaud, as de annern ok."

„Gut, dann bringen Sie eine Flasche Burkheimer Spätburgunder Weißherbst."

„As wie Sei wullen."

De Kreuger güng un keem ok bald trügg, stellt de Wienbuddel up den Disch un ein Zigarrenkist dortau.

„Hie in diss Kist sünd Etiketten von all Sorten Wien. Söken Sei sick man wat ut. Ick back Sei denn up."

Min leevet wittet Seelken

Malte was de Budiker von dat „Witte Roß“. Nu seggt bi uns kein Minsch nich Roß to'n Pierd, drüm nömten wi unsen Kraug „To'n blagen Äsel“, un dat paßt ok bäter up Malten. He harr in den Kraug rinnerfriegt. Stammen deer he ut Born, wat man an sin rod Näs seeg. Dor is dat ümmer 'n beten köller as annerswo, un man möt sick upwarmen, von buten un von binnen. Dat deit he ok bi uns no, un männigmal is he vull bet öwern Eickstrick.

Dat argert Martan, wat sin Fru is. Sei fröggt sick öfters eis, worüm sei em behollen deid, väl is he ehr nich nütt.

Äwer don öwerleggt sei, dat ok 'n besapen Kierl af un an bi Verstand is, un denn is he tau allerhand tau bruken in son Kraug mit Utspannung. He künn den Stall utmessen, Haberstroh häckseln orrer 'n Fatt Beer ut'n Keller halen, wenn he dat ok nich giern maken deer. Sei müßt em ümmer ierst anblaffen, ihr he sich rögen deer. Un he blaffte taurügg. Ick glöw, wi harrn all fiv Johr lang kein fründlich Wurt tüschen de beid hürt. Bet up gistern awend.

Wi spälten Korten, Skat, wo dat hüttodags Mod is. Früher hebben wi mihr Ollsch 'n Baste spält, nu gahn wi mit de Tid. Malte keek tau. Stats em müßt Marta uns Beer un Köm ingeiten. Sei mök ein Gesicht dorbi as Moses an Gröndunnersdag. Hei bedeinte blots sick sülben. Wenn ein von uns 'n Grang anseggt orrer 'n Nullewär, günnt hei sick 'n Schluck, bi Schnieder ok. Bi Schnieder, Schwart un Grang Hand geew dat 'n Dubbelten. De Beer heww ick nich ierst tellt. So durt dat nich lang, un hei was dun as 'n Penkuner. Don sett he sick up 'n leddig Fatt, un de Oogen feelen em tau.

Marta bröcht Willem grad ein Kiwi; dat is för den, de dat nich weiten deit, Kirsch mit Whisky; Willem is 'n rechten Sötschnut. Sei seeg, dat Malte up sin Fatt to schunkel anfüng. Hei schlackerte mit 'n Kopp as de Kauh mit 'n Steert. Franz Wittenborg rückt 'n Stück bisiet, da hei nich up em rupperfallen deit.

Marta sett den Kiwi af, dat dat öwerschülpert, kreeg ehrn Malte bi't Schmisett, reet em hoch un schubste em dörch de Hinnerdör. „Mak dat du in't Bedd kümmst!" schnorkt sei em an.

„Jau!" seggt he un torkelt wierer. Sei schlög de Dör hinner em tau. „So ein basapen Kierl! Tau nix to bruken, as Arger tau maken!"

Wi gniewten uns ein. Sei bröchte Willem nu en niegen Kiwi, den ollen harr sei verschütt, un dat kladdrige Tüchs dripte em von 'n Disch up de Schlipp.

„Wist mi dat nich werrer afwischen?"

„Ick warr di wat! Ji Kierls sünd doch ein as de anner." Min Macker harr grad Pik Tein mit Krüz Ollsch staken, don stünn Malte miteis up de Süll, uttreckt bet up sin griese Unnerbüx; den ein Strump harr hei sick öwer de Schuller bammelt, den annern öwern Arm ströpt un den Dum dörch 'n Boll an'n Hacken peekt.

Marta dreigt sich üm un stött Willem an, dat den de Krüz As in'n Kiwi feel.

„Wo hest du di blots anschlööpt!" seeg sei. „Du süßt jo nülichs ut!"

Da griente Malte öwer d' ganz Visasch, kreeg ehr bi'n Kopp un drückte ehr einen up.

„Ach min wittet Seelken, wo mi dat freut, dat di mal werrer wat an mi gefallen deit!"

*

Pasewalk war in früheren Jahrhunderten ein berühmter Brauort. Das Pasewalker Bier, Pasenelle genannt, war in ganz Pommern und auch jenseits der Landesgrenzen beliebt; Stettiner Kaufleute exportierten es selbst in entlegenen Häfen.

Als die Hansestädte einst eine Abordnung nach Spanien schickten, um neue Märkte zu erkunden, segelten auch Pasewalker Kaufleute mit. Wie ihre Hansebrüder führten auch sie Geschenke mit, die ihre neuen Partner günstig stimmen sollten. Was konnten die Pasewalker Besseres mitnehmen als ein paar Tonnen Pasenelle. Die kleine Flotte kam gut voran und legte bald in einem spanischen Hafen an. In einem Mönchskloster traf man sich mit den einheimischen Kaufleuten zu Verhandlungen, tauschte Grußworte, Warenproben und Geschenke aus. Die Pasewalker füllten die silbernen Pokale mit ihrem schäumenden Bier, stießen mit den neuen Freunden an und tranken.

Doch deren Mienen erstarrten. Des süßen Weines gewöhnt, setzten sie wie auf Kommando die Pokale ab, und ihr Sprecher, der Abt des Klosters, sagte: „Adeatur parum picis sulphoris et erit pocus infernalis." – „Füget noch etwas Pech und Ihr habt einen Höllentrunk."

So ist letzten Endes die gute Pasenelle schuld daran, daß Pasewalk eine Landstadt blieb und nie Fernhandelszentrum wurde.

Kapitäne bleiben an Bord

Der altersschwache Kohlenfrachter war bei schwerem Sturm leckgeschlagen und untergegangen. Der Decksmann Fiete wurde gerettet, hatte aber soviel Salzwasser geschluckt, daß ihm der Appetit auf „Backen un Banken" vergangen war. Der großmütige Reeder stellte ihn als Chauffeur und Gärtner für seine neue Villa ein, die er sich von der Versicherungssumme gekauft hatte.

Als Fiete an einem blauen Sommertag den Rasen mäht, läuft ihm der Hund der Gnädigen, die sich in einem Korbsessel von der Sonne braten läßt, vor die Beine. Fiete kommt ins Stolpern, die Sense entfällt ihm, das Blatt schlägt einer Marmorputte, die mit nacktem Hintern in einem Begonienbeet herumsteht, die Nasenspitze ab. Erschrocken flüchtet das Hündchen, ein Pekinese, in den Schoß der Frau.

„Sie ungeschickter Mensch, Sie!" schimpft die Reedersgattin. „Das werden Sie mir bezahlen. Ich ziehe Ihnen die Reparatur vom Lohn ab."

Fiete regt sich auf. Schuld ist doch das Hundevieh. Soll sie doch von dem ... Doch als er sieht, wie zärtlich die Frau das kleine Biest liebkost, fragt er vorsichtig: „Wenn ick nu de Straat langföhr, un dat lütt Veih löpt mi vör't Auto, un ick will em nich öwerföhrn, wiel dat jo Sei Ehr Hund is, un ick riet dat Stürrad rümmer, un dorbi baller ick gegen en Latüchtenpahl, un dat Auto is in'n Dutt, wat nu?"

„Dann werden Sie das Auto bezahlen! Für jeden Schaden, den Sie dem Hause zufügen, stehen Sie gerade, und das auf Heller und Pfennig."

„Eijei!" stöhnt Fiete und bückt sich nach dem Sensenstiel, „nu weit ick ok, worüm uns Kaptein an Burd blewen is, as sin Schipp afsupen deer."

*

Zwei Fischer sitzen in Bäcker Klatts Hinterstube bei Bier und Köm. Nach der fünften Lage sind sie so weit, daß sie auch über anderes reden können als über Netze und Reusen, Schollen und Hering. Und so fragt Klas: „Segg eis, Willem, de oll Döring hett vertellt, dat de Berliner, de sich dit Johr bi ju as Sommergast inmeid hett, dat dei 'n Perfesser sin süll. Is dat wohrhaftig wohr?"

„So schrift he sich: Perfesser mit wat latinsch dahinner. Ich hebb mi sin Utwis anseihn. Möt man ok bi all dat Volk, dat hüttaudags rumlöppt."

„Jau, jau. Nu segg eis, so'n Perfesser, dei möt doch woll bannig klauk sin, nöch?"

„Klauk? Wenn dei klauk is, bün ick Preister. Hei kann nich 'n Dösch von'n Häkt unnerscheiden, un 'n Stint nich von 'n Sprott. Un denk di, as min Ollsch gistern tau em seggt, dat dat Tollatschen tot Ahmtbrot gifft, don kek he sei an, as wull sei em dodig Müs' up 'n Teller schmieten."

„Wat? Un dat schimpt sich Perfesser? Wenn ein nich weiten deit, wat Tollatschen sünd, don fröggt sich unsereins doch, wotau de Lüd studeern?"

*

Oskar Thesenvitz hat das Giebelzimmer seines Häuschens an Urlauber vermietet, an einen stellvertretenden Anlageberater aus Witzenhausen. Weiß der Deubel, wo das liegt. Der Gast tut, als müßte das ein jedermann wissen. Und nach dem ersten Nachmittagsspaziergang mäkelt er auch noch: „Die Ostsee ist ja gar kein richtiges Meer. Die hat ja nicht mal Ebbe und Flut."

„Wat, wir haben keine Flut nich?" empörte sich Thesenvitz, um Hochdeutsch bemüht. „Erst vörrige Nacht hatten wir eine. Un wat für eine. Im Netzschuppen habe ick eine Rattenfalle upgestellt. Un wissen Se, wat sich darin fing? Ein Dorsch. Un den ham Sie heute mittag gegessen."

*

Rügener Fischer wundern sich, daß heuzutage immer mehr Fischer krank werden.

„Ick versteh dat nich", meint Jehann Bars kopfschüttelnd. „Ick heww min Lädwag man dreimal to Bedd lägen, un tweimal dorvan wier ick man dun."

... de redt tauväl

Ein Städter, von Sandförde kommend, nahm, um den Weg nach Jatznick abzukürzen, statt der Landstraße einen schwer erkennbaren Pfad durch die Wiesen. Er hatte kaum die halbe Strecke zurückgelegt, als ihm wutentbrannt ein Bauer entgegenstürmte und ihn anschrie: „Ick schla Se glick mit 'n Knüppel vörn Kopp! Wat hebben Se hier rümtopedden. De Wech is verboden."

Verlegen stotterte der Fremde eine Entschuldigung, er habe nicht gewußt, daß dies kein öffentlicher Weg sei.

„Dorüm", antwortete der Bauer gutmütig, „segg ick Se dat jo ok ierst in'n Goden."

*

Zwei Bauern fuhren am frühen Morgen von Jatznick nach Pasewalk zum Markt. Kurz hinter Belling sagte der eine zum anderen: „De Roggen steiht dit Johr ganz god."

Am Nachmittag zuckelten sie zurück, und kurz vor Belling kam die fällige Antwort : „De Hower ok."

*

Zwei Bauern aus Rogzow am Gollen besteigen in Köslin ein leeres Abteil im Zug nach Stettin. Keiner sagt ein Wort. In Belgard steigt ein dritter Bauer hinzu, nickt kurz, setzt sich und steckt schweigend seine Pfeife an. Doch als er in Schivelbein aussteigt, nimmt er die längst erkaltete Pfeife aus dem Mund und sagt: „Na, denn tschüß ok."

Da stöhnt einer der Rogzower: „Nä, nä, dei redt tauväl."

*

Martin Mandelkow sitzt im Kummerower Krug beim fünften Korn. Kommt Friedhelm Rossow dazu, sein Nachbar.

„Du, segg eis, Martin, schmökt din Peerd?"

Mandelkow lacht auf und schlägt sich auf die Knie. „Hä? Ick sup un du büst dun. Wo kann en Peerd schmöken?"

„Würklich nich?"

„Nä, segg ick di, nä!"

„Nä, denn nüscht för ungood, denn brennt din Stall."

*

Die Kuh des Siedlers Rambow ist erkrankt. Ein Telefon hat er nicht, ein Auto schon gar nicht. Bis zur Kreisstadt, wo der nächste Tierarzt wohnt, sind es 23 Kilometer. Seinen nächsten Nachbarn kann er in einer Viertelstunde erreichen, mit dem Fahrrad. Also schwingt er sich in den Sattel.

„Du, Alfred, vörrig Johr harr doch din Koh de Kolik. Wat hest ehr dorför gewt?"

„Ick hebb so bi mi dacht, wat bi mi helpt, helpt ok bi de Koh. Don gew ick ehr 'n Vürtelliter Mampe halw un halw tu supen."

„Denn do ick dat ok." Schon strampelt Rambow wieder heimwärts.

Am anderen Morgen klopft er wieder bei Alfred an.

„Du, dat met den Mampe wier för min Koh doch nich dat Richticht. Se is mi storwe."

„Jau", erwidert Alfred bekümmert, „min ok."

*

In der ersten Stunde des neuen Jahres begaben sich drei Bauern aufs Schloß, um der Herrschaft die übliche Neujahrsgratulation auszusprechen. Der Pastor hatte mit ihnen geübt. Der erste sollte den Spruch für den Herrn herbeten, der zweite den Glückwunsch für die Gnädige, der dritte ihn für die ganze Familie ergänzen. Als der Wortführer über die Schwelle trat, verlor er den Pantoffel.

„Schall di de Düwel hale!" fluchte er.

Der zweite Bauer ergänzte verabredungsgemäß: „De gnä Fru ok!"

Und der dritte setzte hinzu: „Un de herrschaftlich Familj dorto!"

*

August Pritzkow fuhr nach Köslin zum Ferkelmarkt. Damit er nicht in Versuchung kommen sollte, schon in der nächsten Gastwirtschaft einzukehren, um die vom Fahrtwind ausgedörrte Kehle anzufeuchten, hatte ihm seine Frau eine Flasche Doppelkümmel mitgegeben und ihm eingeschärft: „Dat du den Proppen nich treckst, ihrer du de Farken verköppt hest!"

August zuckelte los, aber schon nach einer halben Stunde kratzte es in der Kehle. Er griff nach der Kaliet und nahm die in Zeitungspapier eingewickelte Buddel heraus, schüttelte sie und freute sich im voraus aufs Gluckern.

Behutsam befreite er die Flasche von der Umhüllung. Ein aus einem alten Schulheft herausgerissener Zettel fiel ihm entgegen. Darauf stand in krakliger Schrift: „Du Supkopp! Is hie de Kösliner Farkenmarkt?"

*

Ein Bauer hatte seinen Sohn studieren lassen. Als dieser in den Semsterferien nach Hause kam, schien er seine plattdeutsche Muttersprache und manches andere aus seinem früheren Leben vergessen zu haben. Als er mit seinem Vater über den Hof ging, fragte er: „Was ist dies für ein Gerät?"

„Wat, du kennst kein Fork nich mihr?"

„Und dieses Instrument?"

„Dat is 'n Seiß."

Ein paar Schritte weiter trat der Student versehentlich auf die Zähne eines verkehrt an der Scheunenwand lehnenden Rechens. Der Stiel schlug ihm gegen die Stirn. Da entfuhr es ihm: „Schiet, verfluchtiger! De oll dömlich Hark!"

*

Die Geschichte wird woanders anders erzählt: Da examinierte der Bauer seinem aus Greifswald zu den Semesterferien heimgekehrten Sohn: „Wo heit de Kauh up latinsch?"

„Rindibus."

„Un den Oss?"

„Ossibus."

„Kiek an! Dat harr ick nich dacht. Un dat Schwien?"

„Svinibus. Äwer dat ward mit V schräwen."

„So, mit Vau? Un dat Pierd?"

„Rossibus."

Da merkte der Bauer, daß sein Sprößling statt Jus Spiritus studiert hatte. Er drückte ihm die Mistgabel in die Hand und befahl: „Lad mi den Mistibus von de Rossibusse up den Wagen, orrer ick hau di mit den Stählibus von de Forktibus den Pucklibus greun un blagibus."

*

Korl Utermöhl un Willem Holtfreter gahn up Jagd. As sei bi't Elsenbrook ankeemen, brekt 'n will Schwien ut de Büsch. Korl ritt sin Scheetknüppel anne Back un drückt af. He harr blots vergäten, dat he man Schrot ladt harr.

Dat Schwien schüddelt sick verwunnert, öögt verbiestert un störkt sick up de Minschen. Hei, wo dei schechten künnen. Blots nich fix naug. Also rup up den ierstbesten Boom, de ein links, de anner rechts.

Da wier dat Beest al ranner un wucht sick gegen de Bark, up de Willem seet. De Stamm bögt sick as unnern Dunnerschlag. Da schrigt Willem: „Dumm Veih, wat wist von mi? Korl hett schaten, Korl!“

*

Albert Wittenbarg hat das Leben satt und will sich aufhängen. Er sucht sich einen geeigneten Baum aus, die alte Pappel am Dorfteich, klettert auf einen ausladenden Ast, knüpft den Strick fest und legt sich die Schlinge um den Hals. Nach einem kurzem Gebet springt er.

Unter dem Gewicht des Mannes bricht der Ast. Albert plumpst der Länge nach in das schlammige, aber nicht einmal knietiefe Wasser. Prustend kriecht er an Land und stöhnt: „Wegen dat dömliche Uphängen harr ick mi binah versöpt.“

Der starke Johann

Die Geschichte wird in vielen Gegenden erzählt, was kein Wunder ist, denn es gab selbstverständlich in allen pommerschen Dörfern so bärenstarke Burschen, wie der starke Johann einer war, wenn sie auch manchmal Erich oder Krischan oder ganz anders hießen.

So war es jedenfalls in jener Zeit, als die Fürsten die Heere, mit denen sie ihre Kriege führten, für Geld mieteten. Die Obristen, die die stärksten und tüchtigsten Regimenter anboten, erhielten den Zuschlag. Sie mußten deshalb zusehen, ihre Mannschaften immer wieder durch zahlreiche brave Kerle zu ergänzen. Also schickten sie ihre Werber aus, die mit Geld und guten Worten, mit List und Tücke und manchmal auch mit unsanfter Gewalt möglichst viele und möglichst kräftige Burschen unter ihr Fähnlein locken sollten.

Nun lebte in einem der Dörfer, wie gesagt, es kann in Gornow gewesen sein, in Schwellin, Rosenfelde oder auch anderswo, ein Bauernsohn, den man wegen seiner kräftigen Arme den starken Johann nannte. Der Werbeoffizier hörte von ihm und hätte ihm gern das Handgeld in die Hosentasche gesteckt und dafür vom Obersten eine hübsche Belohnung kassiert.

Er ritt höchstpersönlich vor das Gehöft, wo Johann gerade dabei war, eine rehbraune Stute zu striegeln. Der Offizier ging auf ihn zu und sprach ihn an, aber Johann nahm keine Notiz von ihm. Er schien die süßen Worte, mit denen der Werber das Glück des Soldatenlebens pries, gar nicht zu hören. Du wirst schon noch nach meiner Pfeife tanzen, dachte der Herr und erhob die Stimme zu doppelter Lautstärke.

Da endlich legte Johann den Striegel fort. Anstatt aber in die ausgestreckte Hand des Werbers einzuschlagen, langte er nach der Kardätsche und holte aus. Aus Angst, der Kerl wollte ihm mit den harten Borsten das Gesicht zerkratzen, lief der Offizier zum Tor, warf sich in den Sattel und ritt schnurstracks davon.

Die Niederlage wurmte den Herrn Ich will ihn schon kriegen, schwor er sich. Am anderen Morgen schickte er seinen Wachtmeister, der von ähnlicher Statur wie Johann war und als der stärkste Mann des Regiments galt. Bisher hatten seine Fäuste noch jede Rauferei entschieden.

Der Wachtmeister ritt auf seinem rammköpfigen Wallach direkt auf den Hof, wohl wissend, daß sich von oben herab besser verhandeln läßt.

Johann lud Mist auf einen Kastenwagen. Er blickte kaum auf, als er den Wachtmeister hörte, und ließ sich auch von dessen lockenden Worten nicht stören. Forke für Forke hob er den Dung auf den Wagen. Da wurde der Werber ungeduldig, tippte Johann mit der Reitgerte auf die Schulter und schrie ihn an: „He, du, ich rede mit dir!“

Johann stieß die Forke tief in den dampfenden Dung, packte den Wachtmeister, und ehe der sich's versah, hob er ihn aus dem Sattel und setzte ihn über die Hofmauer in die Brennesseln.

Als er den Wagen beladen hatte und der Wachtmeister drüben seine verbrannten Beine kratzte, richtete er sich kurz auf, um einen Augenblick zu verschnaufen. Da zog sich der Werber an der andern Mauerseite hoch.

„Wist noch wat?" fragte Johann.

„Jau, schmiet mi dat Pierd ok noch röwer."

*

Die pommerschen Straßen waren nicht immer die besten. Oft führten nur ausgefahrene Landwege von Ort zu Ort, manchmal auch Dämme aus groben Kopfsteinpflaster.

Der Halbbauer Penkuhn aus Marienthal hatte eine Fuhre Roggen zur Mühle nach Bahn gebracht und nutzte die Gelegenheit, da er schon einmal in der Stadt war, aus der Apotheke die Medizin zu besorgen, die Dr. Witt seiner Frau verschrieben hatte.

Der Apotheker maß in Ruhe die verschiedenen Flüssigkeiten ab und goß sie in eine größere Flasche, schüttelte sie und gab den nächsten Bestandteil dazu.

Penkuhn, der von den strengen Gerüchen der Offizin Kopfschmerzen bekam, trippelte nervös auf und ab. Der Apotheker bemerkte die Unruhe des Kunden und korkte die Flasche zu.

„Nur noch kräftig schütteln, damit die Ingredienzen sich gut vermischen."

Penkuhn riß ihm die Flasche aus der Hand. „Ne nööj, ick föhr ja öwern Damm no Marjedal."

*

Der rüstige Rentner Richard machte auf ärztliches Anraten täglich einen Spaziergang. Dabei kam er am Hof seines langjährigen Freundes Reinhold vorbei und sah mit Erstaunen, wie der Graubart oberschenkeldicke Kloben zersägte, wobei er schwitzte wie ein Berliner in der Julihitze am Kolberger Strand. Weshalb denn? Reinhold hatte drei Söhne, die ihm die schwere Arbeit abnehmen konnten.

„Wat, Reinhold, hett di de Dokter ok Bewäjung verschräwe?"

Reinhold wischte mit dem Jackenärmel über die Stirn.

„De Dokter nich, Richard, min Fru, min Fru!"

*

Urlaub auf dem Bauernhof. Der natursüchtige Gast aus der Großstadt begleitet seinen Quartierwirt durch die Felder. Er hat Fragen.

„Diese grünen Pflanzen, die Sie hier angebaut haben, das sind ... Lassen Sie mich raten! Das sind ... sind das Kartoffeln?"

„Ganz recht. Bi uns heiten se Tüften."

„Wie meinen? Also Trüffel, nein, Tüffel."

„Tüften."

„Ach ja? Wie originell. Nun sagen Sie mir aber auch noch, weshalb Ihre Trüff ... nein, Tüffel auf der linken Seite des Weges weiß blühen und die auf der rechten Seite rot?"

„Dat is, dat ick se unnerscheiden kann. De Witten, dei sünd för Pelltüften, und de Roden, dei nähm ick för Bradtüften."

*

Früher hielten auch größere Bauernhöfe eigene Schafherden. Als Hirten beschäftigeten sie den Sommer über Jungen aus dem Spieker-, dem Tagelöhnerhaus, die dafür ein paar Taler und freies Essen erhielten. Nun entwickeln Jungen, wenn sie den ganzen Tag über an der frischen Luft sind, einen kräftigen Appetit. Staunend schaute also die Bäuerin ihrem Hirtenjungen beim Essen zu, und als der allzu tief in den Schmalztopf langte, fragte sie ärgerlich: „Jong, wetst nich, wennier du satt büst?"

„Doch, Fru, wenn mi de Buk wehdeit."

Hans Ballentin

Dito

Hans Knaack sin Fru was sehr in Sorg'n.
De Breifdräger bröcht ehr hüt morg'n
'nen Breif … vom Kopmann ut de Stadt,
worin tau lesen dit un dat,
wat all noch tau betoalen weer,
noch von dat letzte Kinnelbeer.
Sei läst dor wat von tein Pünd Solt
un „dito" Zucker, „dito" Schmolt,
von „dito" Ries un wat noch mehr –
ehr was dat unverständlich sehr.
Sei schüddelt denn ok mit den Kopp,
dat hen un her ehr flög de Zopp.
Ein Dunnerlüchting güng nu los;
„Hest du", fröggt sei nu ehren Mann,
„hest du dat köfft, du dumm Hann?
Wetst du, wat mit den Dito is?"
„Ick weit von nüscht, dat is gewiß."
„Denn helpt dat nüscht, denn spann man an
un föhr gliks na den Kopmann ran
un froag, wat dat bedüden deit,
wat Dito up de Rechnung heit."
He spannt nu an un föhrt in't Stadt
un keem, von in'n un buten natt,
uk oabends spät denn ees na Hus.
Sin Ollsch treckt all de Stirn so krus …
„Na, wat is dat mit dem Dito nu?
Wetst nu Bescheid, oll Supsack du?"
„Joa", seggt Johann – grinst an sin Fru –,
„ick bün en Schap un dito du."

Herr Paster, Sei lögen

Jehann hatte Willem schon lange in Verdacht, daß er seiner Lina nachschlich, und richtig, eines Abends erwischte er ihn, wie er über den Drahtzaun des Hinterhofs klettern wollte. Er riß ihn zurück und prügelte ihn mit einem Eschenknüppel grün und blau.

Niemand hatte zugesehen. Auch Willem schwieg. Wer trompetet schon gern seine Schande in die Welt. Auch Jehann prahlte nicht herum, nicht etwa aus Furcht vor Strafe, nein, Prügeleien unter den jungen Burschen nahm keiner ernst, nicht einmal dann, wenn ein paar Zähne eingeschlagen oder die Ohren eingerissen wurden. Jehann genügte es, daß Willem die Lust auf Lina vergangen war.

Weiß der Teufel, wie der Pastor davon erfuhr! Der war ein strenger Herr und stellte Jehann zur Rede: „Für eine solche Missetat wird man dich dereinst im Himmel bestrafen, wie es in der Schrift heißt, Auge um Auge, Zahn um Zahn."

„Sall dat heiten, Herr Paster, dat dann in'n Häben ick den Puckel vull kriegen do?"

„Gewiß doch, sofern du deine Missetat nicht tätig bereust."

„Herr Paster, Herr Paster, Sei lögen In'n Häben kümmt blot's min Seel. De Lif verfult in't Graff, un Seelens hebben keinen Puckel."

*

Bauer Dreesch steigt aufs Scheunendach, um den abgerissenen Draht der Erdleitung wieder am Blitzableiter zu befestigen.

„Mann", barmt die Frau, „holl di bloßig fast! Wenn du runner föllst, brekst du di Arm un Been un den Stütz dorto."

„Den Gefall do ick di nich", spottet Dreesch, „dor baben sitt ick so fast, as Richard Kruken up sin Wallach."

„Ok 'n Wallach kricht ma dat Bucken."

„Denn holl man din Unnerrock up, dat ick recht week fall."

Der Bauer gelangt glücklich zum First hinauf und wirft ein Bein über den Dachkamm, um sicher wie im Sattel zu sitzen, hat aber zu viel Schwung und rutscht auf der andern Seite runter. In seiner Angst brüllt er: „Leew Gott, min Herrgottker, help mi doch!"

Er hat Glück im Unglück. Unten liegen ein paar Bund Stroh. In diesem Augenblick betritt Pastor Winkler den Hof.

„To spät, Herr Pastor", schimpft Dreesch und reibt sich den gestauchten Steiß. „Nun bruk ick em nich mihr."

*

Bauer Witfagel wurde zu Grabe getragen. Im ernsten Schwarz folgten Verwandte und Bekannte dem Sarg. Nur der Küster trug eine rote Weste. Der Pastor schüttelte ärgerlich den Kopf und stellte seinen Gehilfen nach der Trauerfeier zur Rede.

„Ach wat", verteidigte sich der Küster, „wenn dat Hart man schwart is."

*

Bauer Klöterjahn biegt mit seinem Ochsenkarren in einen unübersichtlichen Hohlweg ein. Da kommt ihm des Pastors Einspänner entgegen.

„Tja, dann helpt dat nich, Herr Paster, ein von uns beid möt trügg."

„Selbstverständlich Sie, Klöterjahn. Oder soll vielleicht der Pastor vor dem Ochsen weichen?"

„Dortau kann ick nix seggen, Herr Paster. Ich bün blots 'n Bur. Dat möten ji Kopparbeiter unner ju utmaken."

*

Ein Bauer wollte seinen Ochsen schlachten. Der Hausschlächter kam. Doch das Tier, das vielleicht sein Schicksal ahnte, war nicht aus dem Stall zu kriegen.

„Denn daun wi dat drin", sagte der Schlächter. „Wenn't ok 'n beten düster is."

Der Bauer hielt den Ochsen am Strick. Der Schlächter

holte mit der Axt aus und schlug zu. Das Tier fiel nich um.

Und wieder fuhr die Axt nieder. Der Ochse gab keinen Mucks von sich. Er zitterte nicht einmal.

Als der Schlächter zum dritten Male ausholte, sagte der Bauer: „Wenn du mi noch eis vörn Döz haust, lat ick den Ossen los."

*

„Martin, wat hest' för'n Brusch vör'n Kopp? Hett di din Ollsch ein mit de Riewkül öwern Döz treckt, as du gistern ut Märis Beerpup na Hus keemst?"

„Nä, dat nich. Äwer sühst du dei Lichtmasten dor?"

„Den bi din Hoffpuert? Ja, den seih ick."

„Na, ick heff em nich seihn."

*

Friech Schult kniet im obersten Fach der Scheune und rückt die schlecht gestakten Garben zurecht. Da reißt die Frau das Scheunentor auf.

„Mann, kumm runner! Öwern Langen See treckt 'n Gewitter up."

„Lat mi man, Fru! Dat Dunnern hür ick ok hier baben."

De witte Schöttel

Guste Kasanowski würr sößtig Johr olt. Sößtig Johr – orrer is't all länger her, ick weit dat nich so genau, ick wier ja nich dorbi, ick heff dat man hürt, – in jenne Tid würrn nich all Lüd so olt, ok de Frugens nich, dei, wenn sei nich vörrer starwen, mierstens länger läwen as ehr Kierls. Äwer Guste würr sößtig, un up den Dag harr Guste ok föftig Johr up dat Schlott deint. Wenn 'n dat nich fiern sall!

Dat Guste so olt warrn würr, dat wier binah 'n Wunner. Vör dörtig Johr – ehr Jöching wier noch nich drög, – was sei mol von en Heuwagen störkt. Dat Gnick harr sei sick nich broken, nä, aewer sit disse Tid quiert sei rüm, un dat linke Been bleew scheef. Up't Feld künn sei nu nich mihr gahn; för de Heerschaft waschen un flicken, dat güng grad no.

Un sticken künn sei, dat makte Spaß, ehr tautokieken. Dor keem de oll Mamsell nich mit, un dei harr bi de fromm Schwestern Hauswirtschaft liert. Sei stammte nömlich ut de Gägend, wo de Lüd nich recht weiten, off se Schlesinger orrer Sachse sünd, Wenden orrer Dütsche. Dor leepen de Schwartröck no rüm.

Na, von de Mamsell will ick nich vertellen, blots von Gusten, un wo dat to ehr Fierie kamen süll, un wat ehr Jobst för'n Schnut makt, as he dat Geschenk utpacken deer.

Guste müßt nu Monogramms sticken in de herrschaftlichen Koppküssen un Laken, Handdöker un Taschendöker un ok in de Unnerbüxen von den Herrn, nä, Baron was he nich, Graf ierst recht nich, man en gewöhnlichen „von". Flitig un fründlich as Guste wier, stühn sei in Anseihn bi de Herrschaft. Ok wenn sei dörch't Dörp geiht, drög sei de Näs nich höger as de Oogen, un se geew ehr jedein sin „Go'n Dag ok", un de Wiwer bleewen bi ehr stahn up'n lütten Snack.

Bi Gusten ehrn Jobsten bleewen se ok stahn, wenn he ok dat Mul blots upreet, wenn't an't Aten güng un wenn he sin Pip anböten deer. Eintlich harr Jobst Hermann heiten, äwer up 't Schlott nömten sei em Jobst, un in't Dörp deeden se dat nu ok. Steiht doch in de Bibel „Was der Herr tut, das ist wohlgetan." Toierst wüßt he nich, dat he meint is, wenn se em Jobst reepen; mit de Tid harr he sich an wennt, un nu müßt he bi'n Preester in't Kirchenbook nahkieken, wenn he weiten wull, wie he richtig heiten deit.

Schuld harr de Gnädige. Hermann was mang Pierbein upwussen. Sin Vadder was Pierknecht west. To Hus, in de lütt Stuw wier nich naug Platz för 'n Familj mit söben Gören. Dor schleep de Oll lewer in'n Verschlach öwer de Häckselkist, un he nehm sin öllsten Söhn mit. De scharp Pierdunst deer den Jung gaud; he waßte to'n staatschen Bengel ran. De Gnädig, de don ok no'n jungsch Person was, keek em öfters mit blanke Oogen nah. Dor künn en Kutscher för mi ranwassen, seggt sei sik. Wenn he blots nich Hermann heiten deer. Dorvon hebben wi all dre mang uns Lüd.

Ierst aewer müßt he nu na de Saldoten. To de 9. Ulanen in Demmin hebben s' em treckt. As he trügg keem, harr he so'n Schullern, dat sik all Deerns in dre Dörpern nah em ümdreigten un de verfriegten Wiwer ok. De Gnädig makte em wohrhaftig to ehren Kutscher un nömt em Jobst. Sei keem jo ok ut de Mamsell ehr Gägend, un dor lopen, wie't utsüht, de Minschen mit Nams rümmer, de sik bi uns de Käuh von de Hürn schüddeln deeden. Sei wier mit em tofräden, sier sogar, un harr ok nix intowennen, as he Gusten friegen wull; dei harr ja don no kein scheew Bein. As Jöching buren würr, stünn de Herr Pät, un de Gnädig schickte 'n halw Dutzend Winnel röwer, de sei von ehr eegen Utstür neem. Sei brukt se nich, sei kreeg kein Kinner.

Ok Jöching höll sik Dags öwer in'n Pierstall up; sin Mudding künn em ja nich in de herrschaftlich Strickstuw rümkrupen laten. Nachtens schleep er bi sin Öllern in ehr Stuw. Jobst künn nich up de Häckselkist schlapen; da harrn sik to väl Acheln in sin Jack rinnerpeekt, un so dörft ein herrschaftlich Kutscher nich rumlopen.

As de Jung in de Johrn keem, seeg he ut as vördem sin Oller. Blots de Gnädig brukte nu kein nigen Liwkutscher mihr. Sei füng an to reisen, sommers na Misdroy orrer Kolbarg un in'n Winter dorhen, wo de Sünn stats up witten Schnei up witte Makkeroni schient.

De Herr aewer satt leewer in'n Sattel, un ümmer öfter meek hei sik up de Strümp un besökte sin Frünn in de Kaschubei, wo sei up Jagd güngen orrer Korten spälten. För de Wirtschaft herr he 'n gauden Intspekter; de brukte kein Kutsch, de ritt 'n griesen Schimmel.

Jobst keem likers nich dortau, de Bein up de Awenbank to leggen; he müßt Melk na de Molkerie henkutschiern, un wenn ein von de annern Pierknecht sik verbört harr orrer sik mit 'n Nors in'n Immenschwarm sett hett, müßt he den sin Gespann öwernähmen.

De Herrschaft harr em aewer nich vergäten un Gusten ok nich, dat nich. De Gnädig harr ehr sogor enmal en Kort schräwen ut … nä, dit künn sei nich läsen, dit wier utländsch. Sei würrn gewiß ok an ehr Geburtstag denken.

Jöching müßt denn ok na de Saldoten, ok na de 9. Ulanen in Demmin. Sin Rittmeister seeg, he verstühn wat von de Kreatur un rad em to bitobliewen. Dat deer he ok un bröcht dat mit de Tid tom Vicewachtmeister, un wenn de Schwadron Remonten kreeg, müßt he de inriden. Don harr he friegt, en Apteikersdochter, dei harr kein Drift, na't Dörp to trecken, un so bleew ok he. Twei söten Deerns stellten sich in; de süllen wat liern. Dat güng in dat Dörp nich. Lier mi wat, wo blots en Hölttüffelschaul is mit en krüzlahmen Köster.

De beid Lütten künnen nu nich kamen na de Fierie, de Schaul geew ehr nich fri, un Jöching künn ok nich; he müßt dat Saddeltüchs inspezieren. Sin Regiment süll in vierteihn Dag in't Manöver trecken. Befähl is Befähl! Wem de Kommißstäbel antreckt, de möt ok maschiern. So müßt sik de jung Fru allein up'n Wech maken. Dat harr Jöching sin Öllern schräwen, un he schräw ok, se harrn all 'n Geschenk för Muddern köfft, wotau sei sik woll freuen würr. Man wat dat wier, dor schwigt he von, dat süll 'n Öwerraschung warrn. Un nu wieren de beid Ollen nieschierig as 'n Osterhöken.

Wi koenen dat ja verraden; Guste un Jobst läsen dit ja nich; ehr Graffstell is mang 'n Efeu kum to finnen, und unner de Eer is't düster as bi Moses in't Norslock. Süllen se aewer in'n Häben hucken, un Petrus mökt ehr en Luk up, dat se runnerkieken koenen, denn schad dat uk nix. Sei hebben jo all tau ehr Lewdag tau weten kricht, wat in den Karton wier: en witt Suppenschöttel ut Porzlan, mit Goldrand. De jung Fru harr dat bi ehrn letzten Beseuk ankäken, dat Jöching sin Öllern de Arften ut 'n Kakpott äten möten. Nu weiten sei dat, aewer to jenne Tid, wüßten sei dat nich.

Dat Best an son'n Fieri is dat Vörher, ok wenn 't väl to don geft. Denn freugt man sich up, dat sich nahstens de annern freun. Wenn't ierst verbi ist, hett man blots Koppweihdag un Uprümerie.

So würr ein Dag na 'n annern. Gusten kloppt dat Hart in de Bost all düller as de Schmedt sin Hamer up'n Ambuß, un Jobst brukt för ein Pip Toback 'n halw Schachtel Rietsticken. Off de Herrschaft Gusten ok nich vergäten harr? An ehrn Föfigsten harrn s' nich dacht. Ierst dre Dag dorna hett de Gnädig 'n Blomenstrutz röwerschickt. As wenn Kasanowskis nich sülwst 'n Gorden harrn!

Ditmol aewer denken s' an ehr. Seker hett de Intspekter nahulpen. Jobst striegelt und kardätscht em nömlich öfter eis den griesen Schimmel. Dat müten süst de Stalljungs daun, aewer de makten dat nich gaud naug. Da stäkt he lewer af un an Jobsten en Paket Schwarten Krusen in de Joppentasch.

Dre Dag för de Fier schickt he 'n halwen Hamel röwer, 'n Büdel Mähl, 'n Klut Botter un twei Mandel Eier, un de Brennmeister füllt 'n Melkkann Tüftensprit af. Dat leet den Preister nich schlapen. He ritt sich dre Buddel Aaftwien ut de Rippen. De annern Hoffgänger bröchten, wat sei koenen, en Tassenkopp Schmolt, en Rökerwost orrer en Schiew Speck, un de Köstersfru backte Mümmelkoken för de Kinner un de oll Wiwer, dei kein Tähn mihr harren.

An'n Geburtsdagmorgen bröcht Jobst twei Hauklötz in de Stuw, dröwer keem en lang Bredd. De Lüd, de tom Grateliern keemen, sülln sik ok dalsetten, en Stück Koken äten un 'n Kopp Kaffe drinken, richtijen Kaffe ut de Stadt, nich son, as Guste ut Gestenkörn in de Kassrull sülben brennt, dei wier för'n Alldag. De Mannslüd sülln wat kriegen, wat in'n Schlunk jökt.

Guste kramte ehr schwatt Ümschlagdok ut de Lad, wat sei von ehr Muddern arwt harr un dat sei süß blots to Wihnachten un Ostern ümschlöpte un wenn't bi de Austköst awends to köhl würr. Wi sei dat Dok nu ankeek, off nich de Motten 'n Lock rinfräten harrn, denkt sei: ierst in de Kök kieken, wo ehr Kusin Rieken mit Pött un Pann rümhanteert. An' Kakpott trugt Guste kein', de nich mit ehr up en Küssen schlapen hett, un den ok nich. Ehr Jobst würr woll dat Kaffewater anbrennen laten. Sei schmeet dat Dok öwern Stohl un bleew in de Kök.

Jobst leep dewil in de Stuw up un dal, stoppte sin Pip un sökte sin Rietsticken. De iersten Lüd keemen; dat wierjo Sündag, do harrn sei 'n bätker Tid. Jobst reep Gusten, aewer de keem nich; de Gratelanten müßten na de Kök rinnergahn. Lang bleewen se nich, keemen werrer in de Stuw, set'ten sich un leeten sik von Pötter Dittschlag sin Rita, wat de Dochter von Jobstens Süster is, bedeinen. Sei harr Schick dorto; sei müßt ja ok öfters in'n Kraug uthelpen, wenn de Kreugersch ehr Krüz muckert.

Jobst leep von'n Disch na't Finster un von't Finster na'n Disch. Nahwer Loest fodert em up, mit em up Gustens Gesundheit antostöten! Jobst sette sik mit 'n halw Back up de Staulkant, sprüng aewer gliks werrer up, as harr em ein mit de Gaffel in de anner Back peikt. Knallte dor nich buten en Pitsch?

He keek vör de Dör. Nix to seihn. Wenn he blots nich so niescherig wier. He bitt sik up de Tung. Muddern güng dat woll ok nich bäter; sei harr bloßig kein Tid. Wennehr keem de dömlich Diern blots. Kein Verlat up de Stadtlüd!

Dat würr binah Middach, da fleut'te Pipel Walnöt, den he as Spijon utschickt harr. De miersten Wiwer wieren all gahn, sei müßten ja ehr eigen Kierls bekaken. Poor leddig Lüd bleewen sitten. Se spekelierten, dat Rita ehr ok 'n Teller vörsetten deit. Süll sei, is jo naug door. Blots Schauster Schwarck, den dript de Köm all ut de Näs. Den müßt he woll rutschmieten; de füng süß an to singen: „Min Zick de hett ehr Mucken, dat Aas dat will nich bucken", wat he ümmer grölt, wenn he dun is.

Nu keem dat Fuhrwark ranner. Gotts Wurt, de dor afsteeg, dei mit de kneilang Jack un de Koppdok, dat is sin Soehn sin. Sei bört 'n groten Pappkartong ut 'n Wagenkasten. Jobst rönnte ruter, un hülp ehr schläpen.

As he den Kartong up den Disch stellt, künn he dat kum no uthollen. He reep: „Mudder, kumm! Kumm fix! Sei is dor."

„Ick heff kein Tid nich. De Karbenad brennt mi an."

Em jökt dat tau siehr. Mit bibbrige Finger knüpperte he de Schlöp up, bögt de Papp utenanner, un wat süht he?

„Min leew Gottker, in diese witte Schöttel sall…" He schlög sick up't Mul, nä, dit wier em doch tau schenierlich; dorüm flustert he sin Schwiejerdochter in't Uhr: „Ji meinen dat ja gaud mit uns, min Deern, aewer dit was nu nich nödich west. Wenn uns Mudder nachtens … to Not steiht ja ümmer de Drangemmer achter de Flurdör."

*

Trine, de nu in de Johrn keem, wull nich friegen. „Ick heff dor Angst vör."

„Dumme Diern", däd de Mudder. „Ick hebb doch ok friegt."

„Ja, du hest ok Vaddern krägen. Un ick sall en frömden Kierl nähmen?"

Tine und Malwine

Zwei alte Freundinnen, beide über die Achtzig hinweg, gingen einträchtig nebeneinander zur Kirche in Körlin. Tine hatte ihr bestes Kleid angezogen, schwarz, wie es sich gehörte. Das Gesangbuch hatte sie unter den einen Arm geklemmt, vom andern baumelte die schwarze, mit einer rosa Blüte bestickte Handtasche herab. Malwine hatte sich auf die gleiche Weise ausstaffiert: schwarzes Kleid, schwarzes Gesangbuch, schwarze Handtasche, nur daß diese mit einer gelben Blume geschmückt war. In den Handtaschen befanden sich Taschentuch, „Portmanee", Hausschlüssel, Hustenbonbons und natürlich die Brille.

Sie schwiegen beide. Sonst redeten sie gern und viel, aber auf dem Kirchgang nie. Sie stimmten sich ein auf die heilige Handlung.

Sie kamen reichlich spät. Der Organist intonierte schon das Vorspiel, als sie mit leisen Trippelschritten ihre Bank erreichten und die gewohnten Plätze einnahmen. Malwine kramte ihre Brille aus der Tasche, schaute auf die Tafel mit den Liedernummern und schlug das Gesangbuch auf.

Auch Tine grabbelte nach ihrer Brille; sie suchte und suchte und fand sie nicht. Achherrje! dachte sie, als ihr einfiel, daß sie vor einer halben Stunde noch einmal die Urkunden des Kaninchenzüchtervereins angesehen hatte, mit denen ihr Mann vor zwanzig Jahren ausgezeichnet worden war. Da hatte sie die Brille wohl auf den Küchentisch gelegt und vergessen.

Wat nu? dachte sie. Mitsingen mußte sie, schweigen wäre nicht gottgefällig. Die Melodie würde sie schon finden; sie brauchte ja nur mitzuträllern. Aber die Verse! Sie hatte nie welche auswendig gelernt. Sie standen ja im Buch.

Malwine fiel ein in den Gesang der Gemeinde: „Nun danket alle Gott…"

Die ersten Zeilen kannte Tine, dann aber sang sie ihren eigenen Text: „…un roar un witt un schwart doabi, dideldumdi…"

„Der ewig reiche Gott woll uns bei unserm Leben…"

„…un roar un witt un schwart dorbi, dideldumdi…"

So inbrünstig Malwine auch sang, Tines falsche Töne waren nicht zu überhören. Sie neigte sich zu ihr und zischte der Freundin ins Ohr: „Du singst verkiehrt, Tine."

„…un roar un witt un schwart dorbi, dideldumdi…"

Malwine versuchte es noch einmal: „Tine, dat sünd de verkiehrten Wör."

Tine ließ sich nicht beirren: „Ach wat! Sing du för di un ick för mi, dideldumdi…"

Da gab Malwine auf.

Auch der feierlichste Gottesdienst geht einmal zu Ende. Stumm, wie sie gekommen waren, verließen die beiden Freundinnen die Kirche. Erst als sie in ihre Auffahrt einbiegen mußte und nachdem sie sich umgesehen und festgestellt hatte, daß niemand in der Nähe war, fragte Malwine:

„Off dat woll einer hürt hett, dat du so falsch sunge hest?"

Tine schüttelte den Kopf. „Nä, doch, nä! Du hest laut naug sunge. Doabi hett mi keiner hürt."

Zufrieden und geistlich gestärkt ging jede in ihre Küche. Tine fand ihre Brille auf dem Tisch. Sie nahm sie in die Hand, hielt sie gegen das Licht und sagte vorwurfsvoll: „Du kast mi nich arjern, du nich. Man mut sich bloß to helpe weite."

Seither achtete Tine streng darauf, daß sie beim Kirchgang stets die Brille bei sich trug, und sie hielt sich beim Singen penibel an den gedruckten Text. Einmal nahm sie es freilich zu genau. Es war vor Weihnachten, und innig fromme Adventsstimmung erfüllte die Herzen und die Kirchenbänke.

Die Gemeinde sang das schöne Lied: „Freuet euch, ihr Christen alle" mit allen vier Strophen, und Tine sang laut und textsicher mit. Die letzte Strophe endete: „Wonne, Wonne über Wonne, Christus ist die Gnadensonne." Die Gemeinde verstummte, die Orgel ließ die Weise mit ein paar Akkorden ausklingen. Aber da stand doch noch etwas! Und also sang Tine laut und vornehmlich: „Christian Keimann."

*

Schuster Lassenthin aus G. suchte wegen heftiger Schmerzen im Knie, die auch nach Einreibungen mit Franzbranntwein nicht nachließen, den Doktor Meißner auf. Der Arzt beschaute das schmerzende Gelenk, befühlte und beklopfte es und murmelte dann: „Nur eine kleine Überanstrengung. Legen Sie sich hin und schonen Sie das Bein."

Etliche Tage später besuchte er einen anderen Patienten in G. und schaute bei dieser Gelegenheit auch nach dem Schuster.

Der saß schon wieder auf seinem Dreibein, hatte den Riemen übers Knie gespannt und beklopfte eine Riesternaht.

„Freut mich, Lassenthin, daß Sie die Schmerzen los sind."

„Nä, Herr Doktor, ick heff sei ümmer noch."

„Ach? Na, wenn Sie sitzen und arbeiten! Ich habe Ihnen doch gesagt, Sie sollen sich hinlegen und das Bein schonen."

„Heff ick ok makt, Herr Doktor. Den ganzen Dag heff ick dat Bein schont, äwer meinen Sei, dat hett hulpen?"

Tilla liest Zeitung

Die Altenteilerin Tilla aus Liebenow hatte einen vereiterten Zahn. Die Backe schwoll und schwoll, und es sah bald aus, als hätte sie sich ein gekochtes Hühnerei hinter den Gaumen geklemmt. Tilla spülte mit Kamillentee, kaute Nelkenkörner und legte Wegerichblätter auf, alles umsonst. Selbst die hüftlahme Mine, die mit gutem Glück, Warzen, Gürtelrosen und andere Gebrechen besprach, konnte nicht helfen.

Da lud ihr Sohn sie auf den Einspänner und fuhr mit ihr nach Bahn zum Dentisten. Er setzte sie ins Wartezimmer und ging, um bei dieser Gelegenheit den Viehhändler und die Raiffeisenbank aufzusuchen.

Der Warteraum war leer. Die alte Frau meinte, gleich werde der Meister mit der großen Zange hereinstürzen und ihr den schlimmen Zahn herausreißen, daß das Blut nur so spritzte. Ihr wurde heiß; sie begann zu zittern. Vor Angst spürte sie den Schmerz nicht mehr. Am liebsten wäre sie wieder gegangen, doch das wagte sie nicht, und so ließ sie sich stöhnend auf die harte Bank fallen.

Durch die gepolsterte Tür trat eine Frau im weißen Kittel ein. Tilla erhob sich, aber die junge drückte sie wieder nieder und erklärte beruhigend: „Dat duert 'n bätker. Wi mö'n ierst Schlächter Kohfotn sin Ecktähn trecken, un de sitt fast, as harr de leew Herrgott em isern Krampen ümlecht. Kieken S' solang in die Zeitung. Dorbi verjeiht de Tid." Sprach's und verschwand wieder durch die Polstertür.

Tilla nahm das Blatt, hielt es aber verkehrt herum, so daß die Buchstaben auf dem Kopf standen. Das machte gar nichts, Tilla konnte ohnehin nicht lesen. Sie war nie zur Schule gegangen oder doch nur ein paar Tage; sie hatte keine Zeit gehabt. Seit sie auf zwei Beinen stehen und die Hände rühren konnte, mußte sie in der Wirtschaft helfen und bald im Haus alles alleine besorgen, für den Vater, die sieben Brüder und die kranke Mutter das Essen herrichten, Wäsche waschen, den Fußboden schrubben und was es sonst noch zu tun gab. Die Mutter war beim Garbenstapeln aus dem obersten Fach auf den hartgestampften Scheunenflur gefallen. Seither konnte sie die Beine und den rechten Arm nicht mehr gebrauchen. Die sieben Jahre, die sie noch lebte, verbrachte sie im Bett. So lernte Tilla ganz von selbst das Wirtschaften und sogar das bißchen Rechnen, das sie brauchte, aber lesen und schreiben lernte sie nie.

Und doch hielt sie die Zeitung dicht vor die Augen und tat, als ob sie jedes Wort verstünde. Sie wollte sich doch nicht vor dieser weißen Stadtfrau, die jeden Augenblick wieder hereinkommen konnte, blamieren. Das einzige, was Tilla in dem Blatt wirklich erkannte, war eine Anzahl schwarzgedruckter Hände, die mit ausgestreckten Zeigefingern auf eingerahmte Buchstaben wiesen. Daß die Interessenten damit auf ihre Anzeigen aufmerksam machen wollten, das wußte sie nicht.

Sie schrak auf, als sie von nebenan ein Stöhnen hörte, dann einen kurzen Schrei, und ein wenig später öffnete sich die Polstertür, und die weiße Frau geleitete einen lakenbleichen Mann, der sich ein rotbuntes Taschentuch vor den Mund hielt, zum Ausgang.

Die Weiße schloß die Tür und wandte sich der alten Frau zu. Ihr war nicht entgangen, daß Tilla die Zeitung kopf las, und sie fragte mit der den Kleinstädtern eigenen Überlegenheit: „Na, wat steiht drinner? Jeft wat Nie't?“

„Ja“, sagte Tilla, „in Stettin jeft Hansche to Verkoop“, und mit geradem Rücken ging sie ins Behandlungszimmer.

*

Erna war seit mehr als einem Dutzend Jahren verheiratet, gut verheiratet. Von Jugend auf war sie etwas drall gewesen, und als gute Köchin und kräftige Esserin legte sie im Laufe der Ehejahre noch kräftig zu. Da las sie im Generalanzeiger, daß ein Zuviel an Gewicht den Kreislauf belaste, die Lebenszeit verkürze und auch der Liebe abträglich sei. Das hatte ihr zu denken gegeben, zumal sie feststellen mußte, daß sie in letzter Zeit allzuschnell aus der Puste kam.

Also mußte sie abnehmen. Fortan aß sie nur noch halb so viel, legte den Speck nicht mehr daumendick aufs Brot und tauchte den Finger nicht mehr in die Milch, um die Sahne abzulecken, bevor sie die Kanne auf die Bank stellte, wo das Molkereiauto sie abholte.

Die Kur hatte Erfolg. Wenn sie sich, was sie nur heimlich tat, auf die Waage stellte, schlug der Zeiger nicht mehr soweit aus. Nach einem Vierteljahr wunderte sich sogar ihre Freundin Elly: „Erna, wat is mit di? Wierst rund as 'n Runkel, un nu büst dröj as 'n Tunpfahl. Du hest mi doch nich de Kränk?"

„Nä, ick wull afnähm', un dat heff ick ok daun. Twintig Pund Speck sünd all runner von de Ripp."

„Twintig Pund? Dat is 'n rentlich Schiew. Man süht dat jo. Dat freut Willem woll. Wat meent hei denn dortau?"

„Min Willem? Nix. Ick hefft em jo no nich seggt."

Dat unmoralsch Minsch

Die graue Grete trug wieder einmal die Molle mit dem Brotteig zum Bäcker. Morgen, am Sonnabend würde sie das gebackene Brot abholen, wie sie es an jedem Wochenende tat, und für den Sonntag würde sie zwei Salzkuchen kaufen; nur zu Feiertagen gönnte sie sich eine Streuselschnecke oder eine Musecke. Unterwegs war sie eigentlich jeden Tag, wenn es nicht gerade wie aus Seihtöpfen goß. Was sollte sie auch allein in dem leeren Haus? Die Ziege und die fünf Hühner versorgte sie morgens und abends, und die Katze lag ohnehin lieber im Hinterhof in der Sonne. Wenn Grete nicht zum Bäcker ging, ging sie woanders hin, zu der zahnlosen Rosalinde vielleicht; irgendjemand fand sie immer, mit dem sie ein Wörtchen oder auch zwei Stunden lang reden konnte. Es gab ja soviel zu sehen, zu hören, zu erzählen, in allen Ehren natürlich, und heute gar... Allein bei dem Gedanken zuckte die Zunge.

Sie bewohnte einen Katen, Stube, Kammer, Schwarze Küche, am Ende des Dorfes, wo der Feldweg nach Dobberpuhl von der Landstraße abzweigt, fünfzig Schritte vom nächsten Gehöft entfernt. Und doch wußte sie alles, was im Dorf und um das Dorf herum geschah. Sie behielt es nicht für sich, nein, sie teilte redlich mit ihren Mitbürgern. So nahm sie gewissermaßen das Radio vorweg, das noch nicht erfunden war, und auch mit der Wahrheit hielt sie es so wie die heutigen Nachrichtensprecher.

Grete kam auch heute nur langsam voran. Hier schleppte ein Knecht zwei Milchkannen über die Straße, dort zupfte eine Magd im Vorgarten Unkraut, eine Altenteilerin fegte die Steintreppe, eine Häuslersfrau klopfte die Betten aus. Grete blieb immer wieder stehen, die Molle unter den andern Arm schiebend, denn der Teig hatte sein Gewicht, und sie flüsterte diesem oder jenem oder dieser oder jener ihre Neuigkeit zu.

Die Bäckerei hatte der vormalige Besitzer, der Vater der Meisterin, gleich neben der Kirche am Anger errichten lassen, denn der Pastor liebte das ganze Jahr über frische Semmeln, dazu im Spätwinter Fastenbrezeln und im Sommer Kirschkuchen. An diesem versuchte sich auch die Pastorsfrau immer wieder, da sie aber den Teig zu trocken einrührte, erntete sie von ihrem Gebieter nur ein verächtliches Lächeln. Doch nicht vom Pastor und seinem Kirschkuchen soll hier die Rede sein, sondern von der grauen Grete und der breithüftigen Bäckersfrau.

Da die Besenbinderswitwe auf dem Weg von ihrem Kabach bis auf den Anger, selbst wenn sie zügig gegangen wäre, fast eine Viertelstunde gebraucht hätte, sie aber tatsächlich alles andere als zügig ging, war die unerhörte Neuigkeit, die sie heute durchs Dorf trug, eher im Bäckerladen angelangt als sie selbst, wenn auch nicht in allen Einzelheiten.

Die Bäckersfrau nahm Grete die Molle ab und rief den Lehrjungen, der den Teig in die Backstube trug. Sie wartete, schloß die Tür hinter ihm und fragte leise, fast flüsternd: „Is dat wohr, dat Alma un Marten Staaks in'n Schwienstall badt hemm'?"

Grete schüttelte die vom Tragen erlahmten Arme und sagte ebenso leise: „Heff ick je eis wat vertellt, wat nich wohr wier? Gistern gegen Awend, vördem dat dat düster würr."

„Wat nich all gift! In'n Schwienstall baden, midden mang de Schwien?"

„I doch nich! Dat Veih harren sei up de Wisch hinner de Schün dräwen."

„Dat harr 'k mi doch bald dacht. Nu segg bloßig, wo hemm' de bei'n in'n Schwientrog paßt? Alma is ja man dröj as 'n Hampstengel, un Marten fählt ok 'n Stück an'n richtgen Kierl, äwer in'n Trog? Hemms' em wenigstens vörher utspült?"

„I doch nich! Nich in'n Trog. Sei harrn sich de Stuktien rinnerstellt un'n poor Emmer heit Water rinnergaten."

„Heit Water? Un don?"

„Don sünd s' rinnerkladdert."

„Mit Jack un Büx?"

„I doch nich! Sei hebben sich uttreckt. Ganz naklich sünd sei in't Water gahn."

„Iii! Naklich! Nakt as de Schwien? All beid? Gott, wat is't för'n Moral mang de jung Lüd! Wenn dat uns Preister hürt!"

„Segg em dat blots nich! Hei rägt sich ümmer gliks up, un he hett so'n schwack Hart."

„Wo warr ick denn? Ick schwieg as Kröningken sin Holtbeen; dat knarrt blots, wenn he besapen is, und du wetst, dat ick kein Druppen nich drinken dau."

„Nu seepten sei sich in, ierst sei em un don hei ehr."

„Ganz nakt? Dat kann ick binah nich glöwen.“

„I, wenn ick di dat segg! Wo ick dat sülben seihn heff, mit disse mine Oogen, mit dei ick bi min Öller noch so nipp seih, dat ick in't Gesangbook de Fleigenschiet von'n I-Punkt unnerscheiden kann, ganz ahn Brill.“

„Hebben s' di denn taukieken laten?“

„I doch nich! Man in de Stalldör is 'n Knastlock. Ick müßt mi bücken. Dat knackt in de Knei, äwer seihn künn ick gaud.“

„Un wat hest seihn?“

„Sei spölten sick de Seep werrer af un jachelten un jippelten as de lütt Farken bi't Fuddern.“

„Kein Wunner, in'n Schwienstall!“

Türklappern schreckte die beiden auf. Verlegen schlugen sie die Hände vor's Gesicht, und die Meisterin drehte sich, bleich bis in die Nasenspitze, zu dem leeren Regal um und pustete die Kuchenkrümel in die Ecke.

Aber es drängte sich nur die zahnlose Rosalinde durch den Türspalt. Sie hatte die Achtzig längst überschritten, lauschte aber noch immer lüstern den Klatschgeschichten, die flinke Zungen durchs Dorf trugen, und gehörte zu Gretes eifrigsten Zuhörern. Die Kunde von dem neuen unerhörten Vorfall war bis in den Verschlag gedrungen, den sie im Hause eines Kossäten bewohnte. Nun wollte sie ganz genau wissen, was geschehen war.

„Man wierer, man wierer!“

„Mit de Tid harrn sei woll naug. Sei stiegen ut de Stuktien und drögten sick af, ierst hei ehr, denn sei em.“

„So nakt, as sei wiern? Nä, wat unmoralsch. Segg eis, drögt sei em ok ganz un gor af, bet unnen, wo de Mannslüd … Nä, dat mag ick nich in'n Mund nähm, dat is mi tau schenierlich.“

„Brukst ok nich, brukst ok nich“, kicherte Rosalinde. „Kann mi up besinn', wenn't ok all twintig Johr her is, orrer sünd dat all dörtig? Ick heff den Kolenner nich in'n Kopp. Ick glöw, dat wier dre Dag na Martini, un sither blots, wenn sick 'n basapen Kierl hinnern Kraug an'n Tun stellt …“

„Dat will wi gor nich weiten. Lat man Greten vertell'!"

„Sei greepen sick ehrn Unnerrock."

„Un don?"

„Un ick, ick nähm die Tüffel in de Hand, runner von'n Hoff, ruter ut de Puert, öwer de Straat, un hinner Wujacks Fleederstruk huckt ick mi hen."

„Schad, grad wo't spannig ward, rönnst du wech", kicherte Rosalinde, und die Bäckersfrau nicköppte dazu.

„I, wenn Alma dat seihn harr, dat ick wat seihn heff, dei makt mi nahstens vör dat ganze Dörp schlicht, dat unmoralsch Minsch!"

*

Nach einem gelinden Krach hat das Dienstmädchen gekündigt. In ihrem Zorn stimmt Frau Bolduan zu, obwohl sie eigentlich die Magd nicht entbehren kann; sie ist im sechsten Monat schwanger.

Als das Mädchen das Zeugnis in der Hand hält, verabschiedet es sich freundlich: „Un denn wünsch ick sei, dat Sei Ehr Jung gaud up de Welt kamen deit."

Frau Bolduan staunt: „Woher willst du denn wissen, daß es ein Junge sein wird?"

„Na, 'n Mäten würr dat bi Sei doch nich negen Monat uthollen."

*

Ein junger Bauer wollte heiraten, im Herbst, als die Kartoffeln schon in den Mieten lagerten und die Rüben noch im Boden reiften. An einem Regentag, an dem er nicht auf den nassen Acker kann, geht er zum Pastor, um das Aufgebot zu bestellen.

„Das ist brav, mein Sohn", meinte der Pastor. „Bloß eins noch. Ich brauche den Taufschein der Braut. Das ist nun mal Vorschrift. Ist deine Hilde nicht in Sageritz getauft? Mein dortiger Amtsbruder wird dir den Schein ausstellen."

„Wat Herr Paster, bi dit Dreckwäder schall ick na Sageritz lope? Nä, denn lat ick dat Minsch sause!"

Artikelfür vör't Paradies

Passeert is diss Jeschicht in Wil'brook un twors in'n iersten groten Kriech, glöw ick. Dat sich nu keener arjern deit, wat vielleicht no Fründschaft is, hebb ick de Nams vertuscht un süßt 'n bät dörchenmang bracht; ick wull jo keenen wehdon. Dat wier so: Liese seet grad an'n Hacken von'n linken Strump, den se för ehrn Heinrichen knütten deer. De wier Saldot, un em süll ne de Föt friern, wenn he in'n Schützegrawe rümstohn mut. In dissen Oomblick kloppt dat an de Schiew. As Liese dat Fenster 'n Ritz upmökt, reekt ehr de Ollsch von de Post 'n Breef dörch, en Feldpostbreef.

„Ward woll von Heinrichen sind", secht se.

„Schön Dank ok", nuschelt Liese, drückt dat Fenster to un ritt den Breef up.

Dat wier 'n düstern Dach, un up dat groff Papier wieren de kraklijen Teken kum to sehn, un dat Bokstabeern wier ok nich dat rechte Don för ehr. Leewer güng se up'n Weitenschlach, Diestel stäken.

Se stellt de Petroljumlamp trecht, böt' den Docht an un füng an to läse. Nu klackerten de Tronen. „Gottachgott, Gottachgottker, min arm Heinker", stähnt se.

Dat hürt Tilde, de öwern Flur wohnt un in de schwart Köken rümmaracht, in de beid Familje kaken. In een Hand de Kassroll, in de se Jerstenkörn to Kaffe brennt harr, ritt se met de enger Lieses Dör up.

„Wat roarst du, Mäken? Hemm's Heinrichen en Been afschaten? En Arm wull nich, süß kürn he ne schriewe."

„Gottachgott, näker, min arm Heinker! He hett vör't Paradies Artikelfür kräje."

„Vör't Paradies? Nä – würklich? Dat kann ick ne glöwe. Na't Paradies kamen bloßig Dodije, un van do jeiht keen Feldpost ne. Soont hebb ick no nie es hürt. Zeich mi ma den Breef."

Nu hölt Tilde den Breef jägen dat Licht, un se keem sich vör, as süll se Arften in de Schöttel tellen. Met de Tid kreeg se rut, wat dor steiht: „Nich Paradies! – Paris! Paris, dat is so ne Oart Berlin van Frankreich. Vör' Paris Artillriefür, dat is, wenn de Saldoten met Kanonen scheeten. Nu wes man still! He läwt ja, un kiek! Hie steiht, he is Jefreiter worrn. Mäken, freu di! Sin Hauptmann hölt wat up Heinrichen, hett em befördert. Jefreiter, dat ward nich jeder."

„Dat is 't jo", hült Liese, „up die Hogen scheeten s' toierst."

*

Jan Joop geht zum Rechtsanwalt, um sich scheiden zu lassen. Der kennt seinen Klienten seit langem.

„Mein lieber Freund, dreißig Jahre verheiratet und jetzt die Scheidung? Dann müssen Sie einen ernsten Grund haben."

„Min Ollsch hett dat Supen anfungen."

„Aber Joop, man ganz ehrlich: Wenn einer säuft, sind das doch Sie."

„Dorüm ja, ein inne Familj möt nüchtern bliewen."

*

De oll Discher Hackfeld geiht na'n Oogendoktor. „Herr Doktor, Sei möten mi 'n nieg Brill verschriewen."

„All werrer? Ick heff Sei doch ierst vör fiev Waken en Brill verschräwen."

„Dat woll. Blot af un an möt ick ehr putzen. Dat geiht nich, wenn ick de Brill up de Näs heff. Un wenn ick ehr afsett, denn seih ick nich recht wat. Don heff ick mi stats den Putzlappen dat Sandpapier gräpen."

Bauernreime aus Wildenbruch, Kreis Greifenhagen

Wendschlag wohnt vör't Enn,
denn kümmt Schöler met de schewe Lenn.

Hermann Gierke, de kleine Mann,
pekt Heimannn sine Krücken an.

Pog, de schlacht en grotet Kalw,
oll Otto nemmt et halw.

Voß, de nemmt dat Hinnerdeel,
klei Kröning kiekt ganz Johr drüm scheel.

Meinert met 'n kleenen Schimmel
föhrt 'n Oberförster na'n Himmel.

Bernd, de liert de Kleinen ABC,
Agahdn deit de Kopp so weh.

Pog, de hett 'n Rummelrad,
klei Otto seggt: Hork, wo dunnert dat.

Milster is en Schünendöscher,
Löst de is en Kokenfresser.

Steink, de but en grotet Rad,
Krögern is dat Geld so knapp.

Gottlieb Henning jeiht no Nudelhacken,
Kittel Kleist denkt, he hett 'n Jewähr up'n Nacken.

Böskersch backt verschimmelt Brot,
Bösk, de seggt: dat schmeckt so god.

De Henning is'n oll Kruskopp,
steckt Kleist in'n Muslock.

Pannbergs Plump, de hett 'n dicken Hohn,
Köpnick seggt, do mut veel Woter kom.

Schmoll, de hett'n groten Bierschrank.
Niemann seggt: Min Oll is krank.

Kerschk, de hett 'n schewe Hot,
Judenhannchen seggt: De kleed em god.

Gärtner, de plant Blomen,
Hollmichel fröggt, off se ok lohnen.

Saß, de kiekt dörch 'n Bohlentun.
Bi Schnieder Böskers sinn all Höhner duhn.

Steink, de is 'n ollet Langbehn,
kiekt den Amtmann in'n Schosteen.

Rost, de hett'n dicken Rump,
Diek, de stäkt dat Jeld in'n Strump.

Lehmann spält met ehr Mudder Kiek kiek kiek,
Löprick plätschert in'n Möhlendiek.

Bauernreime aus Naulin, Kreis Pyritz

Kot's Gadow an't Enn,
Schulten schlachten Henn'.

Bur Gadows gahn na Harken,
Grüttmaker finn't Nest mit Farken.

Sommers schlachten 'n Kalw,
Berkner, de kriggt halw.

Beiden Stöhrs haspeln Darm,
Meinert denkt, er ward verarm.

Zinnow kiekt dörch 'n Bredertun,
Beher aber süppt sich dun.

... seggt de Bur

Spoß möt sin, seggt de Bur un kiddelt sin Fru mit de Meßfork.

Dat Nödigst toierst, seggt de Bur, prügelt sin Fru un lött dat Pierd in'n Grawen liggen.

Nu is dat to Höcht kamen, seggt de Bur, da krabbelt em de Lus up'n Hot.

Ji, seggt de Bur to'n Hollschoh, wenn he de Tüffel nich finn künn.

Dat is gruslich för de Ogen, seggt de Bur, as em dat Wagenrad öwer de Näs geiht.

Mit di wull ick woll farig warn, seggt de Bur un kiekt na'n Himmel. Löttst du dat rägen, denn führ ick Meß.

Unsen Herrgott is nich to trugen, seggt de Bur un wennt sin Heu an Sünndag.

Kopparbeit is de schworst, seggt de Bur to'm Paster, dat seih ick an min Ossen.

Aller Anfang is schwer, seggt de Bur, don will hei de Koh bi'n Steert in'n Stall trecken.

Alles wat recht is, sall gellen, seggt de Bur, äwer ick gah na links, süß kam ick nich na Hus.

Wat unnerwegens is, möt vöran, seggt de Bur, as he von't Schündak feel.

*

Rentlichkeit is dat halwe Läben, seggt de oll Fru un fägt mit'n Bessen den Disch af.

Rentlichkeit is dat halwe Läben, seggt de oll Fru un dreigt to Pingsten dat Hemd üm.

Ierst Not möt kiehrt warn, seggt de oll Fru un mökt met den Schuwer den Backaben heit.

Gott, wur ähnlich, grad as de Vadder, seggt de oll Fru, don leeg dat Farken in de Weig.

Ierst Not möt kiehrt warn, seggt de oll Fru, un schlögt den Trog to Kleinholt, mit dat se dat Schlachtwater heitmaken künn.

Son Handwerker is doch bäder as'n Arbeider, seggt de oll Fru, min Mann is twors kein geliehrter Bessenbinner, äwer hei flickt de ollen ut.

Wat för'n rentlich Minsch, seggt de oll Fru, veer Woken blots een Handdok un denn no reen.

Dat schickt sick na'n Foot, seggt de oll Fru un knütt'n Strump ohn Hack.

*

Wat hübsch bunt is, kledt 'n Minschen, seggt de Düwel un strikt sick den Steert greun an.

Dat is all een Oort, seegt de Düwel, don harr hei 'n Möller, 'n Avkaten un 'n Snieder in'n Sack.

Dat Krut kenn ick, seggt de Düwel un sett sich in'n Nettel.

*

Ut de Angst kümmt man nich rut, segg de Jung. In'n Sommer dunnert dat all Dag, un in'n Winter möt man na't School.

Dat sünd man Knust, seggt de Jung un schnitt dat Brot middendörch.

Dat is en smuck Pierd, seggt de Jung, don keem sin Broder up'n Swien to rieden.

*

Dat Pierd würr ganz gaud utseihn, seggt de Oss, wenn't 'n poor Hürn harr.

Dat is man'n Öwergang, seggt de Voß, don treckten se em dat Fell öwer de Uhren.

Denn helpt dat nich, seggt de Pogg tau de Fleig un schnappt sei wech.

Allens Gewohnheit, Miez, seggt Bäcker Meyer un ult mit de Katt den Backaben ut.

Dat Geföhl na hett de Mann recht, seggt de Avkat, as em de Bur drei Daler in de Hand drückt.

Ei is Ei, seggt de Köster un langt na dat Gausei.

Ick warr min Bedd woll finn', seggt de besapen Jakob un geiht in'n Schwienstall.

Dat sall mi nich werrer passeern, seggt Jochen Klein, don müßt he na'n Galgen.

Heff kein Angst, seggt de Eidechs to'n Hasen, de vör ehr Russeln wegleep, nich all Krokodils sünd feindlich gesinnt.

*

Ein oll Fru un ein oll Kauh,
dei dögen noch immertau;
ein oll Mann un ein oll Peerd
sünd gor nix wert.

Grabspruch

Hie liggt Hans von Sallern.
Wi plegte dat to ballern,
wenn he sin Buern utkloppt!
Nu hebbens' em hie henstoppt.

Quellen

Geschichten vom tollen Markgrafen - nach G. Thomae: Geschichte der Stadt und Herrschaft Schwedt, 1873
Guter Tausch - Arnold Ruge: Aus früherer Zeit, 1867
Das zweite Gesicht - nach: Stargarder Jahresblatt 1994
Der große Krebs vom Enzigsee - Hugo Kaeker, aus: Pommern in Wort und Bild, (Hg. Uecker), 1904
Die Mine - aus: Deutsche Woche Nr. 51, 1950
Das Renn-Tier - nach: Horst Bünger „Und nichts wird verübelt“, aus: Die Pommersche Zeitung, 1994
Das Echo - nach: Horst Bünger (Manuskript)
Die Kuh - aus: Damburger Kreisblatt, Nachdruck: Die Pommersche Zeitung 1994
De ierst Zigarr - Martha Müller-Grählert: Heimatkalender für den Kreis Franzburg, Barth 1937
Dito - Hans Ballentin: Heimatklänge 6/34, Nachdruck: Die Pommersche Zeitung 1994
Tine und Malwine - nach: Histörchen aus der Körliner Zeitung, Nachdruck: Die Pommersche Zeitung 1994

Die übrigen Texte sind mündlich verbreitet, zumindest in ihrem Sujet, oder nach Erinnerungen, Berichten und Notizen neu erzählt.

Autor und Verlag danken für die freundlichen Abdruckgenehmigungen. In wenigen Fällen ist es uns nicht gelungen, die Urheber zu ermitteln. Eventuelle Ansprüche sind beim Verlag geltend zu machen.